Architectural Workshop

TODAIJI
2020

建築学生ワークショップ東大寺2020
この情勢の先にある
「時代の輝き」に希望を重ねて

序文｜「建築学生ワークショップ東大寺２０２０」開催に寄せて

東大寺　執事長

　現在の情勢から見れば歴史の幻のような世界ですが、1970 年代後半、成人したばかりの私の周りでは、まだ社会主義や共産主義の考え方が大きな力を持っていました。そこにはソヴィエト社会主義共和国連邦や東ヨーロッパ、中華人民共和国をはじめとする、当時東側と言われた国々が地球上の半分を占めていたという大きな現実があったからかもしれません。私は、僧侶として必ずしも繋がりきることのできていなかった仏教よりも、世界の半分を占める未知の国々に興味がありました。アメリカにも興味がありましたが、ソヴィエトはまさしく見知らぬ国で、ユーラシア大陸の地の果てに惹かれて旅に出ました。

　飛行機で新潟からハバロフスクへ、空港に駐機するイリューシンやツボレフの二重反転プロペラの旅客機は感動的で、街のトロリーバスは郷愁を誘うものでした。シベリア抑留体験者と共に日本人墓地をめぐって船でアムール川（黒竜江）を遡り、さらにバイカル湖畔のイルクーツク、シベリアの首都ノヴォシビルスク、アレクセイ・シュチューセフが設計し抑留日本人工兵が完成させたという中央アジア最大の劇場があるタシュケントを経て、アムダリア河畔のウルゲンチ、城壁の街イチャン・カラで有名な砂漠の聖都ヒヴァ、オアシスの宗教都市ブハラ、青いタイルに彩られた古都サマルカンド、そしてアフガン国境の街テルメーズへ・・・。中央アジアの地域は社会主義共和国とはいうものの、一歩街に出るとそこがイスラムの地であることが瞬時にわかりました。当時ソヴィエト屈指の大都市であったタシケントも、大地震後、計画的に建設された市街地の近代的な都市建築の造形の中にさえ、社会主義の栄光の象徴と共にひそかなイスラムの空気が漂っていました。ムスリムと社会主義者が相克する悲しみの地盤を、彼の地に関わった建築家は誰よりも微妙に察知していたのかもしれません。最後に訪れたテルメーズはソヴィエトの軍事拠点で、私たちがバスで走った道はアフガニスタンにソ連軍が侵攻した際に戦車が行き来した道でした。アムダリアを南に渡ればアフガニスタン、そこから東に向かえば、カブール、イスラマバード、ラホールを経て仏教発祥の地であるインドへ、そして西に向かえばイランを経てアラブ世界が広がり、更にその果てにはアフリカ大陸・・・。

　テルメーズの地は遺跡の宝庫で、意外なことにその中には古代の「仏教遺跡」もありました。彩色などがいくらか残る部分もあり、瞑想修行や食事の為の部屋などからなる僧院でした。アレキサンダー大王やチンギスハーン、チムールが歴史の中を駆け抜けたユーラシアの中枢廻廊に位置するテルメーズでの、このブッダの「瞑想遺跡」との出会いは、当時の日本という社会や大学、そして仏教の中でどこか「漂流」していた私にとっては大きな出来事でした。「瞑想遺跡」は地理的な条件やその時代や文明を越えてブッダの水脈と繋がっていた人々の存在の証で、この出会いは私の心そのものがブッダの水脈と体験を通じて繋がった瞬間でした。そして今、現代に立ち戻れば、シルクロードの地の果ての島に伽藍を構えるこの東大寺もまた、ブッダの水脈に建つ「奇跡」、なのでした。

　私がいかほどか「建築学生ワークショップ」にも足を運び、まず感じたことは、若い人々の輝く「危うさと可能性」でした。思い起こせば、日本の人々は、「空（くう）」「無常」という言葉の景色から、古くなって朽ち果てて移り変わる「もののあわれ」を、いつの時代からか仏教に見ようとしてきた面があるように思えてなりません。現在も私たちはいつも未来への心配や過去への後悔にばかり心を奪われ、今、ここに在る輝きを見損ないがちです。失われてようやく気付いた輝きに、私たちは「無常」という言葉をあてはめ続けてきたのだとしたら少し残念な気がするのです。例えば私たちは、「杉」や「桧（ヒノキ）」の香り立つ板を前にして、様々な事に心を働かせる能力があります。この杉板は誰が伐り、誰が運び、誰が削ったのだろう。この板になった杉の木は雨や風や太陽の力を蓄えてどこかの山に育ち、月の光を浴び、地中に根を張り、梢（こずえ）から星の宇宙の光を吸収して育ってきました。この木を生んだ母樹と花粉があり、さらに遡れば生命発生からの無限といってもよい生まれ変わりがあります。言い換えれば、この一枚の香り立つ杉や桧（ヒノキ）の板は、板を削った職人のエネ

大仏殿本殿　　　　　　　　　　　　　　　　　　　　　　大仏殿廻廊列柱

ルギーから星の宇宙の光に至るまで、知りえないほどの数々の何かが無常の法則の元に姿を変えて、今、目の前に姿を見せてくれます。それは永遠ではない、姿を変えて移りゆくものだけに訪れる奇跡だともいえます。わたしたちはそのような世界の住人であり、私たちが扱うものはどれも、余すことなく奇跡の要素を輝かせています。「あやうさと可能性」もこの奇跡の象徴のように感じて、いつもうれしく感じていたのでした。

　仏教の歴史をたどれば、仏教がインドから中央アジアを経てシルクロードのオアシスを伝播して中国・朝鮮経由、一千年の歳月を費やして海東日本に伝わったのは6世紀の頃でした。更に日本に伝わった様々な仏教の教えが秩序だって整理されたのは、漸く8世紀の頃でした。次々と伝来した仏教はこの頃、南都六宗（なんとろくしゅう）といって「倶舎（くしゃ）」「成実（じょうじつ）」「律（りつ）」「法相（ほっそう）」「三論（さんろん）」「華厳（けごん）」という六つの「宗」に分類整理されました。この南都六宗は、以後の日本仏教展開の母体となり、まさにその南都六宗を東大寺は当時最も幅広く学ぶことのできる寺院であり学府でもありました。仏教に付随して、論理学や医術、建築や芸術、語学なども伝えられたことを思えば、東大寺はこれらを学ぶことが出来る、わが国で最初の大規模な学問の聖地であったという事もできます。そしてそのような東大寺で最も重きをなしたのは『華厳経』を教えの根幹とする華厳宗でした。東大寺大仏殿の御本尊である大仏さまは、まさにこの華厳経の教えに基づいて造顕されたのでした。

　東大寺は創建以来二度の兵火により罹災し、その度に復興された歴史があります。罹災を免れた建築もあればその時代その時代に復興された建築もあります。その結果、東大寺では、奈良時代、鎌倉時代、江戸時代などの時代を代表する寺院建築を見ることが出来ます。約800年前の鎌倉時代に建てられた東大寺の山門「南大門」を下から見上げると、垂直な柱と様々な水平構造に組まれた空間がその上に屋根があることを忘れさせます。とはいえその屋根も実は大きく羽をはばたくように空をとらえていていかにも躍動的です。参道を進み中門や廻廊を経て江戸時代の建築を代表する大仏殿本殿に入ると、すぐ目前に大仏さまが坐っておられます。しばらく大仏さまの前に立って手を合わせてお顔を見上げると、大仏さまは、大仏さま御自身と仰ぎ見る人の心との両方から、お姿を顕しておられるかに見えます。

　そして大仏さまの前に立つと、私には「ひとつ」と「一切」の関係についての華厳の教えが思い出されます。それは「一即一切（いっそくいっさい）」「重々無盡（じゅうじゅうむじん）」という視座が、古くから華厳の教えの忘れてはならない要素として伝えられてきたから、という理由もあります。「微塵の中にも無限の宇宙が入り込んでいる」という「限りなく小さいものと限りなく大きいもの」との関係が華厳経の中には数多く描き出されています。また、華厳経の世界を思い描かせるたとえとして、「インダラ網」というメタファーがとりわけ有名です。帝釈天（インドラ神）の宮殿を飾る美しい網には、その無数の網の目の一つ一つに、宝石が散りばめられています。インダラ網が揺れると、その一つ一つや全体が互いに無限に照らしあうという関係を繰り返していて、しかも互いにさまたげが無い…。私たちは、この無限

東大寺（空撮）

鐘楼（鎌倉時代）

二月堂

のイメージであるインダラ網のたとえを、もっと自由に色々な事に当てはめてみることができます。一人の人間の心と体の中にも、意識や無意識の中にも、また建築の様々な姿と構造の中にも見ることが出来ます。今回のワークショップでは極小さな建築物を八体創作するとのことですが、私はその小ささの中にも大きな意味があるように思います。それは「一即一切」や「重々無盡」と呼ばれる華厳宗の世界観とも関わってくるからですが、きわめて文字数の小さな文学である俳句が、何千行の散文にまさる物語にさえ繋がっていることをも思い起こすからです。

　建築学生ワークショップの公開プレゼンテーションが予定されている大仏殿は１２５０年余り前、歴史に残る「大仏開眼供養会」が営まれた場所で、奈良市内の他の７地域とともに「古都奈良の文化財」として世界遺産に登録されています。また、２０２０年は、８月〜９月に東京オリンピック・パラリンピック競技大会が開催される年に当たりますが、奈良県における聖火リレーの式典もこの大仏殿で開催されます。一方で、三十年余り前、建築界のノーベル賞といわれる「プリツカー建築賞」の授賞式が日本で初めて開催された記念すべき建築の聖地でもあります。当時の受賞者はフランク・オーウェン・ゲーリー氏でした。多くの作品を手掛けられて来ましたが、曲面や網目や直線が揺らぎ合いせめぎ合いしながら立ち上ってゆく構造は深く根差している世界があることを感じさせてくれます。

　多くの世界や心と繋がっている当地でのワークショップ開催が、建築を志す若き参加者の成長につながり、さらには産業や学術を含む建築の振興、地域という面では建築素材を供給する奈良の林業にも光が当たってほしいと願っています。

　最後に、参加された方々に、奈良や東大寺の「建築」に関わっていただける未来があれば、こんなにうれしい事はありません。

２０２０年１月１日

橋 村 公 英

開催にあたって｜建築学生ワークショップ東大寺２０２０

アートアンドアーキテクトフェスタ ＡＡＦ ｜ 建築学生ワークショップ 統括・副統括

　「日本の建築」が世界に誇れる存在である理由は、東大寺のような長い時間に受け継ぎ築かれた日本の精神性に関係が深いことをあらためて知ります。先祖の教えを敬い、自然を愛し、和をもって貴しとした、私たちがもつ大切な日本人の精神性だと感じています。「建築学生ワークショップ」とは、全国から公募で集った建築や環境、芸術やデザインの分野を専攻する大学生や院生を対象にした、地域滞在型のワークショップです。このワークショップでは、通常取り組めないような日本人が誇りに思う聖地において、現代にも伝えるその空気を感じ特別な環境で学生らが学び、実際に提案を制作し空間を体験することを目的としています。

　一般社会にも投げかけていけるようにと 2010 年より、地元の方たちと共同開催での参加型の取り組みになっていくことを目指し、平城遷都 1300 年祭の事業として、考古遺跡としては日本初の世界文化遺産、「平城宮跡（奈良）」での開催にはじまりました。続く 2011 年度は滋賀・琵琶湖に浮かぶ「神の棲む島」と称される名勝史跡、「竹生島（滋賀）」にて、宝厳寺と都久夫須麻神社と共に、無人島である聖地に地元周辺の方たちと汽船で通う貴重な開催ができました。そして 2015 年、真言宗総本山の世界遺産 「高野山（和歌山）」では、開創法会 1200 年となる 100 年に 1 度の年に、金剛峯寺との取り組みから、境内をはじめとした聖地で開催し、猛烈な暑さの中での開催となりました 2016 年の夏のワークショップは、日本の故郷とも称されるこの原初の聖地、「明日香村（奈良）」において開催を無事に終えることができました。ファイバースコープによって北壁の玄武図が発見されてから 30 年を経て、一般公開される直前のキトラ古墳と国営飛鳥歴史公園の開園プレ事業としての位置づけで、貴重なキトラ古墳の麓に小さな建築を実現されたことは、今後、建築をつくる生涯においても稀で、なかなか得難い大変貴重な経験となり、必ずや参加をした学生の皆さんの記憶に残る取り組みになったことでしょう。2017 年には、国宝根本中堂「平成の大改修」始まりの年に、「古都京都の文化財」の一環としてユネスコの世界遺産に登録された、京都市と大津市にまたがる天台宗総本山・比叡山延暦寺にて開催。2018 年には、天皇陛下が生前退位をされる平成 30 年、「満了する平成最後の年に」伊勢にて開催を実現。そして 2019 年は、「平成の大遷宮」完遂の年に、出雲大社にて開催させていただきました。

　そして今年は、国内初のプリツカー賞授賞式の聖地、東大寺にて開催いたします。講評には、日本の文化を世界へ率いる方々や、建築・美術 両分野を代表する評論家をはじめ、第一線で活躍をされている建築家や都市計画家。そして世界の構造研究を担い教鞭を執られているストラクチャー・エンジニアによる講評。また近畿二府四県の大学で教鞭を執られ、日本を代表されるプロフェッサー・アーキテクトの先生方に、厳しくも愛のある指導を受けることも、生涯の記憶に残るような幸運であったと、想い返すことになる貴重な機会となるでしょう。この大切な記憶がまたひとつ増えるような取り組みです。

　このワークショップでは、今後の社会の中心を担うであろうこれから社会に出ていく学生に、歴史と共に存在する建築の文脈を伝えるのと共に、場所性やコンテクストを読み解きながら新たな道を切り開いていくことに挑んでみたいという気持ちを強く持ってもらうこと。また建築の原初の場所に戻り、現代の日常生活で忘れかけているわが国の素晴らしさを改めて知る貴重な機会にしていただければ幸いです。

　私たち AAF アートアンドアーキテクトフェスタは引き続き、学生や若い世代が中心となり、成熟した社会に対して新たな価値となる提案を試みます。新しい建築をつくり続けることばかりではなく、今ある建築を長く使い、未来へその文化を継いでいくための建築手法を発見していくことを目指していきます。次の時代を担う人たちは、自らが価値を生み出し自らの体験を伝えていくような、知性あふれるレクリエーションの場を広げていきます。建築や環境、芸術やデザインを志す者に、これからできることは何かを切実に考え、将来の新たな環境に向けて、全力で活動していきたいと思います。どうかこのドキュメントブックをお手にされた皆様方におかれましては、今後とも AAF の活動にご興味を持っていただき、ご理解とご賛同をいただければ幸いに思います。　これからも多くのご支援とご鞭撻の程、心よりお願い申し上げます。

２０２０年７月１日

宮本勇哉　山本康揮

AAF 運営スタッフ

宮本 勇哉（神戸芸術工科大学　3 年）　山本 康揮　（大阪工業大学　4 年）　久保 瑞季（武庫川女子大学　4 年）
池田 怜　（武庫川女子大学　4 年）　原之園 健作（大阪市立大学　修士 2 年）　貢 駿登　（大阪工業大学 3 年）
戎崎 大輝（神戸芸術工科大学　2 年）　奥西 真夢（京都府立大学　2 年）　森本 将裕（京都建築大学校　2 年）

開催の軌跡｜建築学生ワークショップ東大寺２０２０

２０１８年　１０月１８日（木）
　　　　　　東大寺開催決定

２０１９年　４月２４日（水）
　　　　　　座談会

２０２０年　５月７日（木）
　　　　　　参加説明会開催（東京大学）

新型コロナウイルス感染拡大防止の為
本開催を中止しました。

　　　　　　５月１４日（木）
　　　　　　参加説明会開催（京都大学）

新型コロナウイルス感染拡大防止の為
本開催を中止しました。

　　　　　　７月４日（土）
　　　　　　現地説明会・調査

　　　　　　７月１８日（土）
　　　　　　各班エスキース（東京会場・大阪会場）

　　　　　　８月２２日（土）
　　　　　　提案作品講評会

　　　　　　８月２３日（日）
　　　　　　実施制作打合せ

　　　　　　９月１５日（火）〜２０日（日）
　　　　　　現地集合・資材搬入・制作段取り
　　　　　　合宿にて原寸制作（６泊７日）

　　　　　　９月２０日（日）
　　　　　　公開プレゼンテーション

　　　　　　９月２１日（月）
　　　　　　撤去・清掃・解散

建築学生ワークショップ東大寺2020　参加学生

募集対象者は、建築や環境デザインなどの分野を学ぶ、国内外の学部生や院生です。

参加学生と運営サポーターを公募しました。

今年は100名を超える応募から、こちらの学生たちが選考を通過しました。

（コロナ感染予防対策のよる人数制限を行いました）

1班　｜　浄

班長　越智 悠（大阪大学 修士2年）　　　李 宗立（東京都立大学4年）

三浦 凛（京都府立大学2年）　　　沼口 佳代（鹿児島大学2年）

2班　｜　対峙

班長　岩田 采子（東京理科大学 修士1年）

鈴木 正義（武蔵野美術大学3年）　　　彦谷 俊太（京都工芸繊維大学2年）

3班　｜　灯

班長　小野 倫太郎（明治大学3年）

佐久間 実季（奈良女子大学3年）　　　中山 亘（九州大学2年）

4班　｜　臨むモノ

班長　加藤 駿一（名城大学 修士1年）

佐藤 蒼羅（武蔵野美術大学3年）　　　平松 那奈子（京都大学2年）

5班 ｜ KURA

班長　安田 樹（東京大学 修士 1 年）

　　　保坂 日南子（三重大学 2 年）　　　大内 麗（鹿児島大学 2 年）

6班 ｜ 繋 ―植物か建築か―

班長　齋藤 匠（東京理科大学 修士 2 年）

　　　天野 萌絵（金沢大学 3 年）　　　衣笠 恭平（京都工芸繊維大学 1 年）

7班 ｜ 縁

班長　舟津 翔大（北九州市立大学 3 年）

　　　岩屋 百花（関東学院大学 3 年）　　　新谷 朋也（近畿大学 2 年）

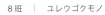

8班 ｜ ユレウゴクモノ

班長　佐伯 直彦（東京大学 3 年）

　　　亀山 拓海（大阪工業大学 3 年）　　　清水 万紀子（北九州市立大学 3 年）

1班　浄

（規模）　面積　23.73 ㎡
　　　　　高さ　3.88m

（構造）主体構造　木造　レシプロカル構造、レオナルドの橋の原理
　　　　素材　　　木材（杉材、SPF材）

　二月堂湯屋前を最初に訪れたとき、私たちは登廊への引力、空間の重層感、そして神聖で張りつめた感覚を抱いた。この場所は1270年続く修二会における、練行衆の修行の場である。修二会の象徴である炎には、古来から穢れを祓う浄化的な役割があると言われている。毎年修二会の期間、私たちがフォリーを設置する砂利の上で松明に火が灯される。つまり二月堂湯屋前は修二会の始まりの場所と言えるのではなかろうか。修二会の創始者である実忠和尚が十一面悔過法を知ったと言い伝えられる、修二会のルーツとも言える笠置寺の正月堂は、二月堂から11km北東に存在する。このように二月堂の北東側には鬼門や修行地が存在し、一方で南西側には平城京を中心とした天皇や民衆の生活空間が存在していた。また、東大寺境内においても、修二会における修行の場が、前行（別火）を行う戒壇院から、本行を行う湯屋、参籠所、二月堂と徐々に北東に向かう。すなわち、二月堂だけでなく、東大寺、そして奈良にも強力な方角性が存在し、特に北東は浄性が高いのである。このような、方向性の軸となる二月堂で修行をする僧は、俗世と神仏の世界の媒介者だと言えよう。練行衆は修二会に向けて厳しい修行を乗り越え、一切衆生の罪や想いを背負うのである。そこで、私たちは二月堂湯屋前に、僧侶の方々も一個人となれるようなフォリーを制作しようと考えた。フォリーの中にいる間だけは俗世からも神仏からも隔離され、自分自身と向き合い、没入できる、そんな空間を目指した。

1班　浄

敷地は修二会を中心とした強い歴史性と場所性を持っている。中でも特に、象徴としての炎、強力な空間性を持つ登廊、修二会における「浄」の根幹をなす北東ー南西の軸線に作品の手がかりを得た。登廊と浄の2つの軸線が交差する空間性を炎のようにうねる造形として表現する。フォリーは湾曲する二枚の木組みの壁面によって構成される。レシプロカル構造を有するレオナルドの橋に倣い、支圧と摩擦を利用して軽やかに組み上げた。二枚の曲壁が持つ曲率と長さの違いによって、それらの間に生まれる空間体験は登廊の軸から脱線しながら、より密かな空間性へと向かう。その体験が人々の意識を内省的な個へと向かわす事を期待している。人間と神仏の媒介者であられ続ける僧侶の方々に、そのような個への回帰の感覚を抱いて頂ければ、私たちが目指した46万分の特別な1日を叶えられるのかも知れない。

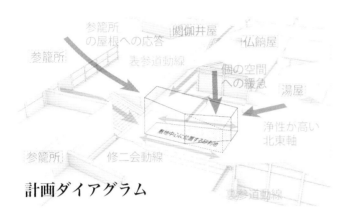

計画ダイアグラム

班長 越智 悠（大阪大学 修士2年）　　李 宗立（東京都立大学4年）
　　　三浦 凛（京都府立大学2年）　　沼口 佳代（鹿児島大学2年）

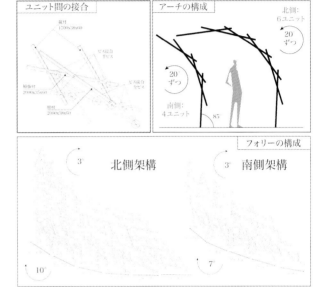

1日目｜制作の様子

2日目｜地元高校生への説明

3日目｜制作の様子

4日目｜制作の様子

5日目｜移設の様子

6日目｜設置完了

■ 制作過程

　まずユニットの作成から取り掛かった。同じ角度で構成されている全てのユニットを量産するため、フレームを作成した。次にそれらを複数個用いてアーチを作成した。レオナルドの橋を応用したレシプロカル構造で、材同士の指圧と反発を利用している。各アーチは自立せず、2方向に倒れる不安定な架構であったため、それらを支える足元の補助材を取り付けた。さらに、前のアーチを後ろのアーチの自重で支える形で接合し、それぞれの壁が全体として自立することが可能となった。

　また最後に、転倒を回避するために北側上部のアーチを1つ取り外していたが、目指している内部空間から再度加えたフォリーにすることにした。

1班　浄

2班　対峙

（規模）面積　9.0㎡　　（構造）主体構造　木造
　　　　高さ　3.5m　　　　　　　素材　吉野杉

南大門をくぐり東大寺の伽藍に立ち入った時。境内の中で大仏殿の正面に立った時。そしてその中で盧舎那仏と対面した時。私たちは"何か"に圧倒され、そこはただの空間ではなく"何か見えない力が働いている場所である"という感覚が引き起された。

東大寺大仏殿では、その建立と1270年の歴史の中で幾度となく訪れた飢饉や災害、疫病による恐怖や不安に対し、安泰な世を願う様々な者の"祈り"が途絶えることなく捧げられてきた。これまでに2度の焼失を経験した大仏殿であるが、それでも尚再建され、途絶えることなく"祈り"が捧げられてきたのである。

この場所に立ち入ったときの"何か"に圧倒されるような感覚は、様々な感情を抱えた参拝者達の往来による"空間の重層性"、彼らの祈りの積み重なりによる"連続する歴史の重層性"によって生み出されているのではないだろうか。そう思ったとき私たちは、大仏殿に迫った敷地において『連なる祈り』をコンセプトに、この場所に内在する"祈りの力"を空間として現出させることを考えた。それにより、東大寺参拝における「新たな対峙の経験」を創ることができるのではないだろうか。大仏殿建立当時と同じく、世の中が新型コロナウイルスという疫病の恐怖に直面している今、様々な感情を抱えて訪れる参拝者対し、フォリーを通してその状況と向き合う新たな対峙の経験を届けたい。

2班　対峙

フォリーを構成するのは吉野杉で、柾目材を 3mm～5mm に曳いていただいた。まっすぐで目が混んでいるという特徴を持つ吉野杉の木目はとても美しく、"連続する歴史の重層性"を表現するのに最適な素材だと考えた。これが 1 枚のままだと強度が足りないが、ねじる操作を加え円にすることで剛性を強め、さらに 3 つの円をねじれの周期がずれるように連結することで、自重にも潰れない 1 つのユニットを制作した。

班長　岩田 采子（東京理科大学 修士 1 年）

鈴木 正義（武蔵野美術大学 3 年）　　彦谷 俊太（京都工芸繊維大学 2 年）

この敷地にフォリーを設置するにあたり最も大事なのは、遠くからフォリーを見る参拝者に対しても感じられる空間を作ることである。固くも柔らかくも見える何か不思議なこのユニットを、東大寺の境内で私たちを圧倒した "何か＝祈りの力" とし、それらが連なることで無限に広がっていくような空間を目指した。

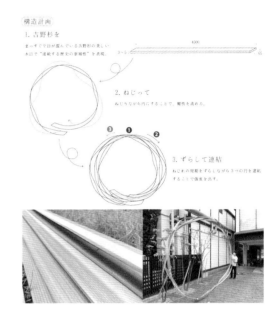

1日目｜制作の様子

2日目｜制作の様子

3日目｜制作の様子

4日目｜制作の様子

5日目｜移設の様子

6日目｜設置完了

■ 制作過程

　私たちのフォリー制作は材料の選定から始まった。吉野の製材店さまに伺い様々な材を見せていただきながら使用する材を探していった。何よりその木目の美しさに魅了され、これを最大限に活かすフォリーを提案したいと考えた。　合宿 1 週間前からモックアップ検討を行い、円にすると自重で潰れてしまう課題と対峙した。その中で考案したのがねじって剛性を高める方法であり、それによる柔らかな印象に大きな可能性を感じた。

　合宿では材側面の処理を行い、その後円環ユニットを制作していった。これらをどのように連続させていくかが大きな課題であり、繋ぎ材を入れる、ユニット同士をつなぐ等、実寸での検討を繰り返しながらこの形に至った。

2班　対峙

3班　灯

（規模）　面積　16.0 ㎡　　（構造）　主体構造　膜構造
　　　　　高さ　2.3m　　　　　　　　　　素材　　　竹、サラシ

私たちの敷地は、二月堂に通ずる階段のすぐそばにある空き地である。この二月堂は、東大寺の最も奥に位置している。人々は、この二月堂に参拝するため、あるいは舞台からの絶景を眺めるためにこのお堂を目指す。長い階段を抜けた先に堂々とたたずむ二月堂の姿には誰もが目を奪われる。しかし、その景色があまりに壮観であるあまりに、ほとんどの人々はその背後にそびえる自然の存在に気づかない。すぐそこまで迫る若草山の木々のせせらぎ、吹き抜ける風、鳥や虫の鳴き声、滝や手水舎を流れる水。そのような、二月堂とともに、1200年以上の年月、この地を守り続けてきた自然の存在をより感じるフォリーを作ることはできないかと考えた。

　またこの二月堂では、修二会と呼ばれる、人々の日々の過ちを十一面観世音菩薩の宝前で悔い改める行事である。修二会と言えば、二月堂の舞台の上で松明が燃え上がる様を想像すると思う。この練行集が二月堂へ登るために足元を照らすための明確な機能を持った道具に過ぎない。私たちは、修二会で用いられている松明に焦点を当てて設計を進めた。私たちは、修二会の象徴ともいえるこの松明の本当の機能を延長し、二月堂とその周辺の環境を見るためのフォリーを提案する。

　私たちのフォリーを体験することによって、この自然の存在に気づき、心身を落ち着かせることで、二月堂へ参拝するまでの一連の流れを作り出す。

3班　灯

このフォリーで「自然の存在に気づき、心身を落ち着かせる」ために、何を用いれば良いか考えたとき、奈良の特産品でもある、さらし」にたどり着いた。さらしは通常の布とは異なり、独特の透け感があり、それでいて丈夫である。私たちは、このさらしに2つの役割を持たせた。一つは、サラシをなびかせるように設置し、風や山の音を可視化すること。2つ目は、サラシを通して、周辺環境を見ることで、視覚的な距離をおき、フォリーを出たときに、より、そこに視線が行くように仕向ける役割だ。感覚的な距離を感じることで、より周辺環境に視線を向ける狙いがある。また、膜の基礎となる部材には、竹を用いた。この竹は、ナタを用いて、直径10cmのものを8等分にして用いている。より細くすることで、竹特有のしなりを特徴付けることができ、曲面を作りだした。

班長　小野 倫太郎（明治大学3年）

佐久間 実季（奈良女子大学3年）　　中山 亘（九州大学2年）

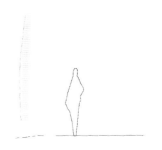

1日目｜制作の様子

2日目｜地元高校生への説明

3日目｜制作の様子

4日目｜制作の様子

5日目｜制作指導を受ける様子

6日目｜設置完了

■ 制作過程

8/22の中間公表を経て、コンセプト含め案を考え直した。その後1週間で外形と材料に竹と晒を使うことを決定した。事前作業を9月10日に開始した。竹を刈りにいき、竹を八等分に割り、一本の材とした。東大寺様に入る前に、密度や角度を変えながらモックアップを作り竹組の形を決め、東大寺様に入ってからは晒の付け方と安全性を高めること

に重点を置き製作を重ねた。3枚の竹組はそれ同士を晒によって上で繋ぎ、サラシを引っ張り材として用いることで安定を図った。製作3日目に晒の掛け方を決定し、4日目には竹の角度調整を終え、3枚の膜が完成した。5日目は移設した後、地形に合わせて竹の角度や敷石を再度整え完成とした。

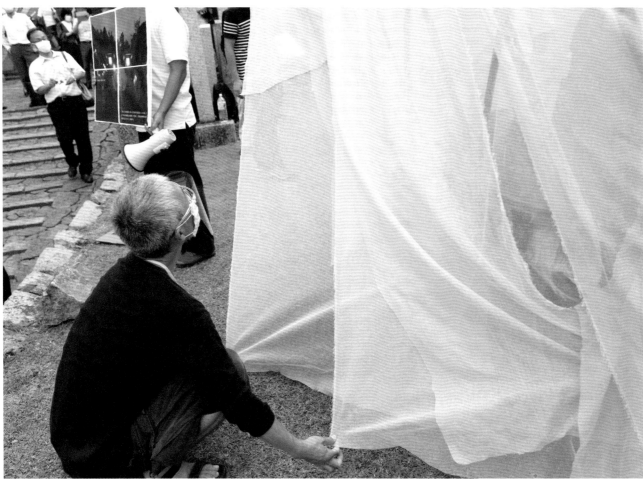

3班　灯

4班　臨むモノ

（規模）　面積　6.0 ㎡　　（構造）　主体構造　竹
　　　　　高さ　2.5m　　　　　　　　　素材　　　竹、松皮、杉皮

本提案の計画敷地は東大寺南大門の側である。この門は、平安時代の大風によって倒壊した後、鎌倉時代に焼け野原になった東大寺の復興を担った別当重源上人によって再建された。重源上人は少ない材料の中で、「とにかく大きな門」を作ることに尽力し、東大寺の復興を目指した。その門の姿は、宋からもたらされた、約30mに及ぶ2層分の吹き抜けの「大仏様」の空間であり、闇に包まれた上部の広がりこそが、東大寺の結界としての強さを示している。この闇の空間によって結界の強さを示す南大門を強調するために、暗さによって広がりを感じ取るフォリーを計画する。

現在、東大寺の周囲に様々な建物が建っているが、門ができた当初ここだけに「包まれた空間」があった。この力強い縦に伸びる空間はいつの時代も多くの人の心を救い、活力を与えてきただろう。人との接し方が変化し、自己を振り返る時間が増えた昨今の情勢において、自己と対話する「包まれた空間」の必要性を問いかけたい。この暗がりのフォリーの目的は暗さによって南大門の空間の包容力を強調し、門の役割を助長することにある。重源上人が大きさに拘って作ったのに対し、このフォリーは暗さに拘って作る。焼け野原になった東大寺を思い描き、このフォリーを体験してもらいたい。この暗さは突如現れた「包まれた空間」であり、東大寺の無限に思える広がりを示す事ができると考えている。

4班　臨むモノ

このフォリーは、南大門の縦に力強く伸びた闇が篭る空間を強調するために、暗がりの空間を作る事を目的としている。フォリーの主構造体は竹であるが、空間を形成しているのは、松の皮である。この松の皮は、かつて東大寺境内に生えていた松であり、倒木や腐りが原因で切られたものである。長い年月東大寺に生えていた松には時間を超えた力が宿っていると思い、松の皮を用いて暗さを表現しようと考えた。この松には、虫喰いによってできた小さな穴が無数に空いている。この穴を生かし、松の皮を連結させて大きな屋根のように計画した。暗がりの空間からは小さな光が差し込んでくるだろう。そこから南大門や大仏殿を望む事ができる。ここは、自己とその他の関係を思考する場である。この小さな暗がりは、南大門の大きな広がりを強調する。

Group 4 Leader　Shunichi Kato　Group 4　Sora Sato　Group 4　Nanako Hiramatsu

班長　加藤 駿一（名城大学 修士 1 年）

佐藤 蒼羅（武蔵野美術大学 3 年）　　平松 那奈子（京都大学 2 年）

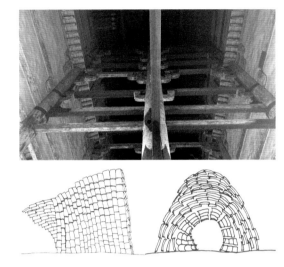

構成

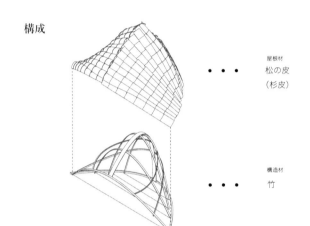

屋根材
松の皮
（杉皮）

・・・

構造材
竹

・・・

西立面図：松の皮で暗がり　北立面図：入り口は小さく
　　　　　の空間を作る　　　し、奥を大きな空間とする

1日目｜制作の様子

2日目｜地元高校生への説明

3日目｜制作の様子

4日目｜制作の様子

5日目｜制作指導を受ける様子

6日目｜設置完了

■ 制作過程

1 日目は材料搬入。前日までに竹の構造を施工していたため、作業小屋から持ち上げて大工小屋まで運び出した。松の皮の接合開始し、松にキリで穴を開け、麻紐で結んで皮を細長い布のようにしていく。2 日目はアドバイザー様と引き続き皮の接合。松の皮に横で繋いでいくものとして杉の皮を竹に結んでガイドを作る。3 日目、杉皮を全面に貼り、松の皮で覆うことができるかの確認を行う。全被膜の 2/3 を覆う。4 日目、残り 1/3 の覆い、キリで空いた穴を防ぐ。鹿・雨対策の囲いを制作し、翌日の移設に向け、ユニット化、減量化を図る。5 日目、移設。竹の構造は手で持ち上げ設置場所へ運び、ユニットを組み上げ完成した。

4班　臨むモノ

5 班　KURA

（規模）　面積　9.0 ㎡　　（構造）　主体構造　石＋ワイヤー
　　　　　高さ　2.0m　　　　　　　　素材　　　石、ワイヤー、麻紐

我々の敷地には、校倉造りの本坊経庫と、雨ざらしにされ並べられた巨石があった。この巨石は、かつて東大寺にあった寺院建築の礎石であるらしい。しかし、いまだその根拠が見つかっておらず、価値を決めあぐねて本坊経庫の前に置いているそうだ。この価値への証拠がない"もの"は現在でも雨ざらしにされ、価値があると定められた"もの"は倉に保管されているという対比に我々は注目した。

　価値への証拠がない"もの"はこの礎石に限った話ではない。東大寺境内に無数に存在する石も、もしかしたら貴重な"もの"であり、全て等しく謎めいているのである。しかし、いつも注目されるのは決まってゲージに入った、いかにも貴重な"もの"たちであり、その外に転がっている"もの"は踏まれ、無視され、ぞんざいに扱われてきた。

　ここで、我々はそういったゲージ、すなわち「くら」が内と外で価値を明確に分けてしまう装置と捉え、これまで無視されてきた"名もなきもの"の価値を再認識させる装置を「KURA」と呼ぶことにした。

　この「KURA」は"名もなきもの"たちの一揆である。自身のぞんざいな扱いに憤りを覚え、我々に己が真価を問いかける。"名もなき我々の価値は本当にそうなのか、東大寺を東大寺たらしめているものとは何なのか、それを考えるとき排他的になってしまっているものはないのか"と。我々はその声に耳を傾け、考えなければならない。

5班　KURA

このフォリーは石が片持ち状態で隆起し、せりあがった形態となっている。通常の石の積み方ではありえないこの形状は、石を圧縮材として使用しながら、引張材としてワイヤーを使用して実現している。石とワイヤーの接合には麻紐を使用しており、その際にワイヤーは背面に隠れ、上から形状維持のための石を載せることで、石の空間を創出している。また、石同士は城壁の積み方である乱積の「野頭積」と「打込積」を参考にし、垂直方向だけでなく水平方向にも積み上がっている。

今回、東大寺境内から石を採集する際、計10か所(塔の跡地や小川、南大門周辺など)から様々な背景を持つであろう石を採集してきた。これにより、どこにでもある石に目を向け、その価値について考える機会を与える装置「KURA」を制作した。

班長　安田 樹（東京大学 修士 1 年）

保坂 日南子（三重大学 2 年）　　　大内 麗（鹿児島大学 2 年）

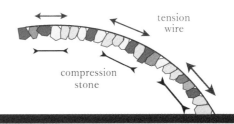

tension wire

compression stone

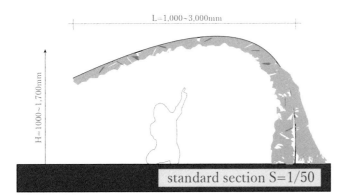

L=1,000~3,000mm

H=1000~1,700mm

standard section S=1/50

1日目｜制作の様子

2日目｜制作の様子

3日目｜制作の様子

4日目｜制作の様子

5日目｜制作の様子

6日目｜制作完了の様子

■ 制作過程

合宿前一週間、東大寺中の石を拾い集め、全ての石に麻紐を結び付けた。1日目、455mm×2000mm の金網に石を括り付けてモックアップを行ったものの、高さおよそ 500mm までしか建たなかった。2日目、針金のガイドを作成し、再度挑戦するも高さおよそ 600mm までしか建たなかった。別の施工方法を模索し始める。

3 日目、新たにメッシュで石を挟み込む方法を試した。高さは変わらなかったものの、キャンチレバーの梁をおよそ 800mm 飛ばすことができた。4 日目、垂直方向に立ち上げるためのスタディをした。また S 字に建たせるという試みを同時に行った。5 日目、対象敷地への移設を行い、小石を使った形状の微調整や視線誘導の最終確認をした。

5班　KURA

6班　繋 －植物か建築か－

（規模）　　面積　6.0 ㎡
　　　　　　高さ　2.5m

（構造）　　主体構造　木、土
　　　　　　素材　　　吉野杉、植物、土

私たちが初めて東大寺を訪れた時、普段目にする公園とは異なる
その豊かな植生に驚いた。奈良公園には約 1200 種類の植生が存在
しており、神聖な地として今に至るまで原生的な植生が人の手によっ
て維持されてきたためである。また、鹿が植生のディアラインを作っ
たり、鹿の糞が 50 種類のフンコロガシ等多様な生物を育んだりなど、
奈良公園の植物と生き物との豊かなサイクルに着目した。そこで、
近年鹿の食害に遭って減少しているが奈良公園の豊かな生態系を支
えている植生を用いたフォリーによって環境ネットワークの一部を
可視化する。それは、植物を介して多様な生き物が集まることで、
人のための建築でもあり、人以外の鹿やフンコロガシなどの生き物
のための建築である。

　また、1300 年も存在している東大寺本殿に対して、鹿を利用し、
フォリーを短期的に崩れるように計画することで、自然のサイクル
を空間で体験できないかと考えた。加えて、フォリー解体後に残る
吉野杉端材と、植生が長期的なサイクルに貢献するように解体後の
プロセスもデザインする。フォリーに用いられたヒノキの種は鹿に
食べられることで、柔らかくなって糞として地面に落ち、その地に
新しい芽を育むかもしれない。このフォリーは短期的なものだが、
人々に自然の関係の尊さを伝え、フォリーを介した生き物や解体後
の材料が別の場所で新たな関係を生み出すことを期待している。

6班　繋 －植物か建築か－

吉野杉端材を片欠き加工によって積み重ねて、有機的な形を作る。植生と土の重さによって重心をコントロールしフォリーを安定させる。端材は最小限の加工にとどめ、解体後の利用を行う。フォリーに用いる土と植生は奈良の地に還元する。フォリーのスケールや形は、鹿モデュロールに基づき、鹿が無理なく回転できる直径や、ディアラインといった鹿の動きから決定している。鹿スケールの内部空間を通して周囲の環境をみることで、新たな視点で自然を見つめることができる。

また、自然によって壊れることもサイクルの一部だと考え、敷地に存在する礎石はそのことを象徴していると感じた。したがって、鹿の習性を利用し短期的に作品の一部が壊れるようにディテールが設計する。以上のように、フォリーは短期的なサイクルと長期的なサイクルを表現している。

班長　齋藤　匠　（東京理科大学 修士 2 年）

天野 萌絵（金沢大学 3 年）　　　　衣笠 恭平（京都工芸繊維大学 1 年）

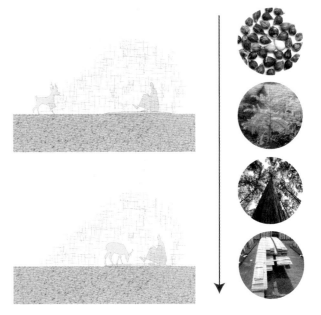

1日目｜制作の様子

2日目｜地元高校生への説明

3日目｜検討の様子

4日目｜制作の様子

5日目｜制作指導を受ける様子

6日目｜設置完了の様子

■ 制作過程

材料に建材として使われなくなった挽き板や端材を用い、接着剤や釘を使わず最小限の加工（片欠き加工）で構造が成り立つ様に、モックアップを通して検討した。端材の浮き上がりを防ぐため、植栽と土をのせた板を差し込むことで重力のバランスを整え、安定化を図った。植栽をフォリーに設置するため、水平板に穴を開けそこへポットを差し込むことで、合理的かつ外から目立たない設置方法を採択した。鹿によって崩れる開口を予め製作し、その開口を塞ぐ様に端材を組み直した。鹿煎餅を端材に括り付け、鹿が餌を自分の方に引き寄せる習性を利用して崩れる機構を検討した。展示終了後、作品の材料を全て有効活用できる様に解体後のデザインを行った。

6班　繋 －植物か建築か－

7班　縁

| （規模） | 面積　8.0 ㎡ | | （構造） | 主体構造　竹、土 |
| | 高さ　2.0m | | | 素材　　　竹、泥、水、藁、鹿の糞、シュロ紐 |

東大寺は、人、自然、動物が見事に調和した、神聖な場所である。そして建立されてから約 1300 年、東大寺は人々の信仰の場であり、祈りの場であり続けた。私たちの敷地は東大寺の中でも、最も神聖な場所、回廊に囲まれた大仏殿前の広場の西側である。そこは大仏殿のスケールの大きさが場を支配しており、回廊に囲まれた空間はそのスケールの大きさをさらに強調する。ここの広場には、参拝者が入ることができない。そこには一種の境界のようなものが存在する。その境界は、決して人々と建築を隔絶するものではなく、境界があることで、人々は様々な想像を膨らませ、建築の中に内在する可能性を見出すための境界である。参拝者がこの建築を見て、神聖な空間、祈りの場を感じる建築を作りたい。

私たちはここに、磐座という、古代から人々が信仰してきた自然のものに着目し、東大寺の土壌が隆起したような建築を生み出すことによって、そのような神聖な空間、祈りの場を生み出せるのではないかと考えた。

自然物のようなこの建築が及ぼす影響は、回廊に囲まれた空間に強い磁場のようなものをもたらし、その周囲を特別な場所性を生む。それは日本人の記憶の中に潜在する、自然への信仰を想起させ、その周辺に神聖な空間を作り出し、人々に祈りの場をもたらす。大仏殿前の広場にぽつんと佇むこの建築は、人々に静寂、清らかさを与え、大仏殿へと誘うだろう。

7班　縁

この建築は、9枚の土壁のパネルによって構成されている。

竹小舞を下地として使用し、その上に土を塗り、面を形成する。下地となる竹小舞、パネルは紐、竹くぎで固定する。土は、泥、土、藁を主に混ぜたものを使用し、つなぎとして、植物の繊維で構成される、鹿の糞を砕いて用いている。また、パネル下部は竹小舞の間隔を狭くし、土を厚く塗り、パネル上部は竹小舞の間隔を広くすることで、薄く塗り、バランスをとっている。土を均等に綺麗に塗るのではなく、隙間を開けながら、塗ることによって内部空間に木漏れ日のような光が入り、神秘的な空間が生まれる。

綺麗に塗られた土壁にしないことで、ある種の自然物のように見えるこの建築は、人々に静寂、落ち着きを与え、神聖な場、祈りの場を生み出す。

班長　舟津 翔大（北九州市立大学 3 年）

岩屋 百花（関東学院大学 3 年）　　新谷 朋也（近畿大学 2 年）

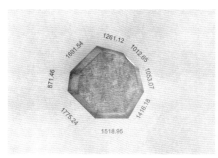

平面図

立面図

1日目｜制作の様子

2日目｜制作の様子

3日目｜制作の様子

4日目｜制作の様子

5日目｜移設の様子

6日目｜設置完了の様子

■ 制作過程

事前に奈良の竹林にて使用する 100φの真竹を伐採し、竹割りの加工を行った。寸法に合わせて四つ割りの太い竹でフレームを組み、中に太さの異なる竹を、バランスを見ながら小舞として編んだ。フレーム部分と横の小舞は竹釘で留めた後、全体はシュロ縄を用いて固定した。さらに 10cm 間隔になるように縦の小舞を足していき、7 面の下地パネルを作成した。

合宿 1 日目は、土が塗りやすいように小舞の広い箇所に竹を足していった。2 日目は左官屋さん指導のもと、土の配合を調整し、塗りやすい土の状態を探した。3 日目はすべてのパネルを仮組みし、立ち上げた。4 日目には、練った土を下部から順に塗り、土のパネルを完成させた。

7班　縁

8班　ユレウゴクモノ

（規模）　面積　13.2㎡　　　　（構造）　主体構造　竹造
　　　　　高さ　2.4m　　　　　　　　　素材　　　真竹、紐

東大寺の二月堂や大仏殿に近い位置に存在し非常に堂々たる大鐘を
釣る鐘楼。鐘楼の建物とつり下がる巨大な鐘はともに国宝にも指定さ
れ、大晦日には何千人もの人がこの地に集まる非常に特別な場所であ
る。毎年元日の午前０時からは「除夜の鐘」が１０８回に渡って鳴ら
されることが恒例であり、毎日午後８時には必ず１８回鳴らされ、そ
の音は奈良市街地周辺に広く響き渡る。

　私たちは初めてそのような地に立って実際に鐘楼を目の当たりにし、
その迫力と勢いに圧倒され魅了された。また、実際にその鐘の音をす
ぐ傍で体験した時、薄暗く静けさのある空間を一気に吹き飛ばすよう
な勢いのある音に感動し、その場の空間が揺れ動くと同時に自分自身
の中でユレウゴク何かを感じた。だからこそこの地にその音自体を共
鳴させ表現しようと考えたのである。古くから毎日欠かすことなく鳴
らされ続けてきた鐘の音。それに対し、私たちがフォリーを設置する
１日だけ響く刹那的な音を作り出すことを試みた。

　そのために私たちは「竹」に着目した。竹の中をくりぬき筒状にし
て使用するのである。筒は長さによってその筒を通して聞こえる音が
変化する。鐘の周波数に対して共鳴しやすい長さの竹を４種類用意し、
その竹で形成された空間をつくることで聞こえ方に変化を持たせる。
そして小さな空間から大きな空間にしていくことで、段々と音が拡散
していく勢いのある音の様子を表現する。

8班　ユレウゴクモノ

「鐘の音に共鳴するフォリーを作る」というコンセプトを掲げ、まず竹をくりぬき筒状にすると音が実際に共鳴することを実験により確かめた。その後東大寺の鐘楼に行って鐘の音の周波数を調べ、その周波数をもとに決定した、1.96m、1.46m、1.25m、1.04m の4種類の長さの竹をフォリーの構成材料としている。形状は鐘を撞く位置を音源として、そこから拡散していく形を表現した。竹の重さによる内側へのたわみを利用して二つの逆アーチ（三角形がたわんだような形）を作り、それぞれが引っ張り合うことで自立させる構造とし、フォリーの中に入っていくにつれて音が変化するように竹の長さを変えていった。アーチ状に配置した竹は並行ではなく、鐘の一点に収束するようにひねりを加えて配置することで、鐘の音がフォリー内部に真っ直ぐに入っていく。

ユレウゴクモノ　8班

班長　佐伯 直彦（東京大学 3 年）

亀山 拓海（大阪工業大学 3 年）　　清水 万紀子（北九州市立大学 3 年）

梵鐘の
音色を
変える

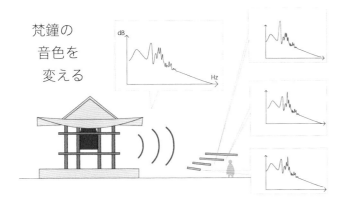

筒を聴く

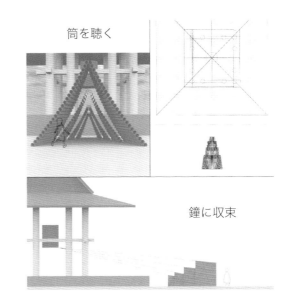

鐘に収束

1日目｜制作の様子

2日目｜制作の様子

3日目｜制作の様子

4日目｜制作の様子

5日目｜移設の様子

6日目｜設置完了の様子

■ 制作過程

　合宿前に前入りし、竹を伐採する作業と、鉄筋による竹の節取り作業を事前に行った。合宿 1 日目、接合部の検討を行った。紐を使うものを試したが、竹がずれて形状が作成できなかった。2 日目、木のダボで繋ぐ方法を試したが、ダボを竹同士の中心に打ち込むことが出来ず再度失敗し、最終的に鉄筋を筒に通し施工することにした。

　3 日目、竹に穴を開けていった。穴の位置は、側面の形状に合わせ、上下の竹のねじれを表現する為に 5 度ずつ回転して決めた。穴に鉄筋を通し、下の竹と頂上の二つの竹を固定した。4 日目に当初予定していたサイズでは形状では保てなくなり、スケールの変更を行った。その晩に設計を急遽変更し 5 日目にフォリーを移設した。

8班　ユレウゴクモノ

開催にあたってのことば｜建築学生ワークショップ東大寺２０２０

寄稿

（２０２０年 共催）
奈良県 知事 荒井正吾

　このたびは建築学生ワークショップ東大寺２０２０が、この「古都奈良」で開催されますことを心よりお慶び申し上げます。世界遺産である東大寺は、私たちにとって身近な存在です。広い境内にある松の木立や芝生でのんびりと草を食む鹿の姿に、穏やかな時間を感じます。一方で歴史を紐解くと東大寺は、国の平安を祈願された聖武天皇がその想いを込めて建立されました。しかしながら、その後、時の権力者からの焼き討ちや財政難による荒廃など、多くの苦難を乗り越えて今日に至っています。境内にある伽藍やお堂は、様々な時代の人々の想いにより復旧され、世界最大級の木造建築物として今に姿を留めています。この同じ舞台で悠久の時の流れを感じながら様々な出来事に想いを馳せていただければ幸いです。

　建築界のノーベル賞と称されるプリツカー賞の授賞式が１９８９年に、ここ東大寺で行われました。受賞された方は、フランク・ゲーリー氏で受賞をきっかけに次々と大きなプロジェクトを手がけ、世界が認める存在になられました。この賞の創始者であるプリツカー氏は、アメリカのシカゴで開催された東大寺展に大変感動され、アメリカで行われることが通例であった授賞式を東大寺で開催する運びとなったそうです。東大寺の魅力は、文化や民族の違いといった隔たりを越えた感動を人々に与えてくれるところだと思います。ここに参加される建築学生の皆様には、若い感性で東大寺の新たな魅力を作品に昇華させてください。そして、この体験を今後の飛躍の糧とされることを願っています。

　結びに、ご参加の皆様のご健勝とご活躍を祈念いたしまして、歓迎の言葉といたします。

開催にあたっての談話

（２０２０年 地域協力）
南都銀行 頭取 橋本隆史 × 東京大学 教授 腰原幹雄

腰原先生：初期の銀行建築は、街の象徴も兼ねて建てられていて、当時の最新の技術や文化の導入実験のような場でもあったのですね。

橋本頭取：堅牢・堅固であることがまず第一。そして街づくりを代表とした側面がありましたね。当行本店の建物は、大正１５年４月、奈良郵便電信局跡地に旧六十八銀行の奈良支店として竣工されたものです。旧六十八銀行は国立銀行で南都銀行の前身である４つの銀行のうちの１行です。設計は建築家の長野宇平治、施工は大林組でした。外壁には岡山産の花崗岩と褐色の煉瓦を使用し、構造は鉄筋コンクリート造の３階建（一部４階建）地下１階の建物で、奈良唯一の壮麗な外観のギリシア様式建築でした。当時の記録で開業に先立ち店舗を一般公開したようですが、入場を制限するほどの参観者が詰めかけ、大好評であったようです。社会インフラの一部を担う役割から、金融機関はそのような責任も果たしていました。現代でも街の顔として愛されています。

腰原先生：ただ現在は経済性優先の汎用性の高い建築が良いという価値にされ、新しい技術や価値に挑戦する機会が失われつつあります。結果、いい建築が出来づらい。やはり、そのような建築の伝統と、これから先の未来への橋渡しとしての本ワークショップでも、場が受け継がれてきた方法や工法を学生たちが実学として学ぶことが一番意義のあることだと思います。

橋本頭取：そういう意味でも、歴代頭取から受け継がれてきたこの建築は、当行がこの場所で変わらずに存在してきた歴史を表しており、これからも後進へ大切に引き継いでいきたいと思います。今年は、世界最大級の木造建築である東大寺大仏殿でワークショップが開催されるということで、どのようなコンセプトを形態や構造で表現されるのかに注目して、現地へ伺いたいと思います。

２０２０年８月２２日（土）提案作品講評会
２０２０年９月２０日（日）公開プレゼンテーション

建築・美術両分野を代表する評論家をはじめ、第一線で活躍されている建築家や世界の建築構造研究を担い教鞭を執られているストラクチャー・エンジニアや、コミュニティデザイナーによる講評。また、近畿二府四県の大学で教鞭を執られ、日本を代表されるプロフェッサー・アーキテクトにご参加いただきました。

太田伸之（おおた のぶゆき）クールジャパン機構 前 CEO

1953 年三重県生まれ。77 年明治大学経営学部卒業後渡米、ファッション記者として活躍。85 年東京ファッションデザイナー協議会設立のために帰国。95 年（株）松屋のシンクタンク部門（株）東京生活研究所 専務取締役所長。2000 年から 10 年まで（株）イッセイミヤケ 代表取締役社長。11 年から 13 年まで（株）松屋 常務執行役員を経て、13 年から 18 年までクールジャパン機構 CEO。

小松浩（こまつ ひろし）毎日新聞社 主筆

1957 年岩手県生まれ、80 年毎日新聞入社。政治記者になり首相官邸、自民党、外務省を担当。その後、ワシントン特派員、欧州総局長（ロンドン）として日米関係、米大統領選、欧州情勢などを取材する。政治部長、編集局次長を経て 11 年論説委員、論説副委員長、論説委員長を歴任、16 年から主筆。国際新聞編集者協会（IPI）理事、日本記者クラブ総務委員長、北里大学客員教授。

建畠晢（たてはた あきら）美術評論家 / 多摩美術大学 学長

1947 年京都生まれ。早稲田大学文学部フランス文学科卒。国立国際美術館長、京都市立芸術大学長などを経て、現在、多摩美術大学学長。埼玉県立近代美術館長を兼任。全国美術館会議会長。ベネチア・ビエンナーレ日本コミッショナー、横浜トリエンナーレ、あいちトリエンナーレ、東アジア文化都市─京都などの芸術監督を歴任。オーストラリア国家栄誉賞受賞。詩人としては歴程新鋭賞、高見順賞、萩原朔太郎賞を受賞。

南條史生（なんじょう ふみお）美術評論家 / 森美術館 前館長

1949 年東京生まれ。慶應義塾大学経済学部、文学部哲学科美学美術史学専攻卒業。国際交流基金等を経て 02 年から森美術館副館長。06 年 11 月より現職。過去にヴェネツビエンナーレ日本館（1997）及び台北ビエンナーレコミッショナー（1998）、ターナープライズ（英国）審査委員（1998）、横浜トリエンナーレ 2001 及びシンガポールビエンナーレアーティスティック・ディレクター（2006/2008）等を歴任。16 年、総合ディレクターとして初の茨城県北芸術祭を成功に導く。17 年は 3 月～ 5 月開催のホノルルビエンナーレキュラトリアル・ディレクターを務める。

蓑豊（みの ゆたか）美術評論家 / 兵庫県立美術館 館長

1941 年石川県金沢市生まれ、65 年慶應義塾大学文学部卒業。76 年ハーバード大学大学院美術史学部博士課程修了、翌年同大学文学博士号取得。76 年～ 77 年カナダ・モントリオール美術館東洋部長。77 ～ 84 年アメリカ・インディアナポリス美術館東洋部長。85 年～ 94 年シカゴ美術館東洋部長。86 年に東大寺宝蔵展を企画し大反響。95 年帰国後は大阪市立美術館長、全国美術館会議会長などを歴任。2004 年 4 月金沢 21 世紀美術館長に就任。2010 年 4 月に兵庫県立美術館長に就任。

五十嵐太郎（いがらし たろう）建築史家・建築評論家 / 東北大学 教授

1967 年生まれ。1992 年、東京大学大学院修士課程修了。博士（工学）。現在、東北大学教授。あいちトリエンナーレ 2013 芸術監督。第 11 回ヴェネチア・ビエンナーレ建築展日本館コミッショナー、「戦後日本住宅伝説」展監修、「3.11 以後の建築展」ゲストキュレーター、「みんなの建築ミニチュア展」プロデュースを務める。第 64 回芸術選奨文部科学大臣新人賞を受賞。『日本建築入門 - 近代と伝統』（筑摩書房）ほか著書多数。

倉方俊輔（くらかた しゅんすけ）建築史家 / 大阪市立大学 准教授

1971 年東京都生まれ。早稲田大学理工学部建築学科卒業、同大学院博士課程修了。伊東忠太の研究で博士号を取得後、著書に『東京・大阪・京都レトロ建築さんぽ』、『日本モダン建築さんぽ』『吉阪隆正とル・コルビュジエ』『伊東忠太建築資料集』ほか多数。日本最大級の建築公開イベント「イケフェス大阪」、品川区「オープンしなけん」、Sony Park Project に立ち上げから関わる。日本建築学会賞（業績）、日本建築学会教育賞ほか受賞。

柴田昌三（しばた しょうぞう）造園家 / 京都大学 教授

1959 年生まれ。京都大学地球環境学堂・農学研究科両任教授。専門は景観生態学、緑地環境デザイン学、里山再生学、竹類生態学、緑化工学等。日本国内各地の他、アジア、アフリカ等の数カ国で、森林資源とそれを用いた資源利用及び伝統的手法の評価研究、都市域における緑地や都市の計画におけるグリーンインフラの導入に関する研究等に防災等の観点から従事。著書や論文は多数ある。関係した造園作品は 3 件。

腰原幹雄（こしはら みきお）構造家 / 東京大学 教授

1968 年千葉県生まれ。2001 年東京大学大学院博士課程修了、博士（工学）。構造設計集団＜SDG＞を経て、12 年より現職。構造的視点から自然素材の可能性を追求している。土木学会デザイン賞最優秀賞、日本建築学会賞（業績）、住宅建築賞金賞建築賞などを受賞している。主な著書に「日本木造遺産」（世界文化社）、「都市木造のヴィジョンと技術」（オーム社）、「感覚と電卓でつくる現代木造住宅ガイド」（彰国社）などがある。

櫻井正幸（さくらい まさゆき）旭ビルウォール 代表取締役社長

1960 年生まれ。1983 年 千葉大学建築工学科卒業。1985 年 千葉大学大学院工学研究科 建築学専攻修了。1985 年 旭硝子株式会社入社 中央研究所。1990 年 旭硝子株式会社の創立により出向。2007 年 旭ビルウォール株式会社（株式譲渡による社名変更）常務取締役。2014 年 旭ビルウォール株式会社代表取締役社長、現在に至る。

佐藤淳（さとう じゅん）構造家 / 東京大学工学部 准教授

1970 年愛知県生まれ。00 年佐藤淳構造設計事務所設立。東京大学准教授（AGC 寄付講座）。作品に「共愛学園前橋国際大学 4 号館 KYOAI COMMONS」「プロソリサーチセンター」「武蔵野美術大学美術館・図書館」「地域資源活用総合交流促進施設」「ヴェネチアビエンナーレ 2008」。著書に「佐藤淳構造設計事務所のアイテム」。建築家との協働で、数々の現代建築を新たな設計理念によって実現させてきた。

陶器浩一（とうき ひろかず）構造家 / 滋賀県立大学環境科学部 教授

1962 年生まれ。86 年京都大学大学院修了。86 ～ 2003 年日建設計。03 年滋賀県立大学助教授。06 年教授。作品：キーエンス本社研究所、愛媛県歴史文化博物館、愛媛県美術館、兵庫県芸術文化センター、積層の家、清里フォトアートミュージアム、澄心寺庫裏、海光の家、半田、福良港津波防災ステーション、竹の会所、さとうみステーション。受賞：JSCA 賞、Outstanding Structure Award（IABSE）、松井源吾賞、日本建築学会賞（技術）、日本建築大賞、日本建築学会作品選奨など。

芦澤竜一（あしざわ りゅういち）建築家 / 滋賀県立大学 教授

1971 年神奈川生まれ。94 年早稲田大学卒業。94 − 00 年安藤忠雄建築研究所勤務。01 年芦澤竜一建築設計事務所設立。2015 年より滋賀県立大学教授。主な受賞歴として、日本建築士会連合会賞、サスティナブル住宅賞、JIA 環境建築賞、SD レビュー SD 賞、渡辺節賞、芦原義信賞、LEAF AWARD,ENERGY GLOBE AWARD、FuturArc Green Leadership Award など。

遠藤秀平（えんどう しゅうへい）建築家 / 神戸大学大学院 教授

1960 年滋賀県生まれ。1986 年 京都市立芸術大学大学院修了。1988 年 遠藤秀平建築研究所設立。2004 年ザルツブルグサマーアカデミー教授。2007 年～神戸大学大学院教授。主な受賞歴：1993 年アンドレア・パラディオ国際建築賞、2000 年第 7 回ヴェネツィアビエンナーレサードミレニアムコンペ金獅子賞、2003 年芸術選奨文部科学大臣新人賞、2004 年第 9 回ヴェネツィアビエンナーレ金獅子特別賞、2012 年日本建築家協会賞、2015 年公共建築賞、2016 年日本建築学会教育賞。

竹原義二（たけはら よしじ）建築家 / 神戸芸術工科大学 客員教授

1948 年徳島県生まれ。建築家石井修氏に師事した後、1978 年無有建築工房設立。2000 ～ 13 年大阪市立大学大学院生活科学研究科教授。現在、摂南大学理工学部建築学科教授。日本建築学会賞教育賞・村野藤吾賞・こども環境学会賞ほか多数受賞。住まいの設計を原点に人が活き活きと暮らせる空間づくりを追求している。著書に「無有」「竹原義二の住宅建築」「いきている長屋」（編著）「住宅建築家　三人三様の流儀」（共著）。

長田直之（ながた なおゆき）建築家 / 奈良女子大学 准教授

1968 年名古屋生まれ。90 年福井大学工学部建築学科卒業。90-94 年安藤忠雄建築研究所。94 年 ICU 一級建築士事務所設立。2002 年文化庁新進芸術家海外留学制度研修によりフィレンツェ大学留学。2007 年より東京藝術大学非常勤講師、2007 年より奈良女子大学生活環境学部建築学科に着任、現在に至る。2016 年、横浜国立大学 Y-GSA 先端科学研究院特任准教授。主な受賞歴として 2014 年"Yo"にて JIA 新人賞、他、JIA 関西建築家新人賞、95,96,99 年 SD レビュー入選など。

平田晃久（ひらた あきひさ）建築家 / 京都大学 教授

1971 年大阪府生まれ。1994 年京都大学工学部建築学科卒業。1997 年京都大学大学院修了。伊東豊雄建築設計事務所勤務の後、2005 年平田晃久建築設計事務所を設立。2015 年より京都大学教授就任。主な作品に「桝屋本店」（2006）、「Bloomberg Pavilion」（2011）等、第 19 回 JIA 新人賞（2008）、Elita Design Award（2012）、第 13 回ベネチアビエンナーレ国際建築展金獅子賞（2012、日本館）、等受賞多数。2016 年にはニューヨーク近代美術館（MoMA）にて"Japanese Constellation"展（2016）参加。

平沼孝啓（ひらぬま こうき）建築家 / 平沼孝啓建築研究所 主宰

1971 年 大阪生まれ。ロンドンの AA スクールで建築を学び、99 年 平沼孝啓建築研究所設立。主な作品に「東京大学くうかん実験棟」や「D&DEPARTMET PROJECT」などの建築がある。主な受賞に、日本建築士会連合会賞や日本建築学会作品選奨、イノベイティブ・アーキテクチュア国際賞（伊）やインターナショナル・アーキテクチャー・アワード（米）、日本建築学会教育賞など、国内外でも多数の賞を受賞している。

藤本壮介（ふじもと そうすけ）建築家 / 藤本壮介建築設計事務所 主宰

1971 年北海道生まれ。東京大学工学部建築学科卒業後、2000 年藤本壮介建築設計事務所を設立。2014 年フランス・モンペリエ国際設計競技最優秀賞（ラ・ブル・プラン）に続き、2015,2017,2018 年にもヨーロッパ各国の国際設計競技にて最優秀賞を受賞。2019 年には津田塾大学小平キャンパスマスタープラン策定業務のマスターアーキテクトに選定される。主な作品に、ロンドンのサーペンタイン・ギャラリー・パビリオン 2013（2013 年）、House NA（2011 年）、武蔵野美術大学美術館・図書館（2010 年）、House N（2008 年）等がある。

安井昇（やすい のぼる）建築家 / 桜設計集団一級建築士事務所 代表

1968 年京都市生まれ。1993 年東京理科大学大学院（修士）修了。積水ハウスを経て、1999 年桜設計集団一級建築士事務所設立。2004 年早稲田大学大学院（博士）修了。博士（工学）。木造建築の設計、木造防耐火に関する研究・技術開発・コンサルティングを行う。2007 年日本建築学会奨励賞（論文）受賞。2016 年ウッドデザイン賞林野庁長官賞受賞。主な著書に「世界で一番やさしい木造 3 階建て（共著）」（エクスナレッジ、2010 年）。

安原幹（やすはら もとき）建築家 / 東京大学大学院 准教授

1972 年大阪府生まれ。東京大学大学院修士課程修了。山本理顕設計工場勤務を経て 2008 年 SALHAUS を共同設立、設計活動を行う。主な作品に群馬県農業技術センター、陸前高田市立高田東中学校、大船渡消防署住田分署などがある。東京理科大学准教授を経て現在、東京大学大学院准教授。BCS 賞（2014）、日本建築学会作品選奨（2015,2019）、グッドデザイン金賞（2017）等を受賞。

山崎亮（やまざき りょう）コミュニティデザイナー / 東北芸術工科大学 教授

1973 年愛知県生まれ。大阪府立大学大学院および東京大学大学院修了。博士（工学）。建築・ランドスケープ設計事務所を経て、2005 年に studio-L を設立。地域の課題を地域に住む人たちが解決するためのコミュニティデザインに携わる。まちづくりのワークショップ、住民参加型の総合計画づくり、市民参加型のパークマネジメントなどに関するプロジェクトが多い。著書に『ふるさとを元気にする仕事』（ちくまプリマー新書）『コミュニティデザインの源流（太田出版）』『縮充する日本（PHP 新書）』『地域ごはん日記（バイインターナショナル）』などがある。

横山俊祐（よこやま しゅんすけ）建築家 / 大阪市立大学大学院 客員教授

1954 年生まれ。1985 年東京大学大学院工学系研究科 建築学専攻博士課程修了。同年 熊本大学工学部建築学科助手。2004 年大阪市立大学大学院助教授。2005 年より同教授。主な著書：「住まい論（放送大学教育振興会）」「これからの集合住宅づくり（晶文社）」等。主な作品：「大阪市立大学高原記念館」「水上村立湯山小学校」「八代市営西片町団地」等。

吉村靖孝（よしむら やすたか）建築家 / 早稲田大学 教授

1972 年愛知県生まれ。97 年早稲田大学大学院理工学研究科修士課程修了。99 年～ 01 年 MVRDV 在籍。05 年吉村靖孝建築設計事務所設立。18 年～早稲田大学教授。主な作品に、窓の家（2013）、中川政七商店旧社屋増築（2012）、鍛冶の合宿所（2012）、中川政七商店新社屋（2010）、Nowhere but Sajima（2009）、ベイサイドマリーナホテル横浜（2009）等。主な受賞に、JCD デザインアワード大賞、日本建築学会賞、吉岡賞ほか多数。主な著書「ビヘイヴィアとプロトコル」、「EX-CONTAINER」、「超合法建築図鑑」等。

式辞｜建築学生ワークショップ東大寺２０２０

開催日時：２０２０年９月２０日（日）０９：２０～１８：００
開催場所：東大寺 大仏殿 北側

歓迎の言葉

（２０２０年 開催地）
奈良市 市長

「建築学生ワークショップ東大寺２０２０」に参加された皆さん、ようこそ奈良へお越しくださいました。心から歓迎いたします。

奈良は７１０年に平城京へ遷都され、平安京に都が遷るまでの間、日本の政治・経済・文化の中心地として栄えた歴史都市です。当時の日本は、大陸から最新の知識や技術、文化を旺盛に吸収し、国の形を整えた時代であり、特に奈良時代の建築が１２棟も現存していることは、大変珍しく、日本の建築文化を考えるうえで、格好のフィールドであろうと思います。

１３００年を超える歴史と文化が蓄積された空間の中で、皆さんの豊かで鋭い感性でどのような作品が出来上がるのか、大変興味深く、注目しております。今回の機会が、奈良から世界へ向けて発信する、新たな文化創造の機会となることも期待しております。

最後に本会の開催にご尽力されました、関係者の皆様のご努力に敬意を表しますとともに、今後の益々のご活躍を祈念しまして、歓迎のご挨拶とさせていただきます。

仲川げん

総評｜建築学生ワークショップ東大寺２０２０公開プレゼンテーション

開催日時：２０２０年９月２０日（日）９：２０〜１８：００
開催場所：東大寺大仏殿（北側）

公開プレゼンテーション会場の様子

腰原：今年は少し不安になりました。今までなら、１分の１でつくるのは模型ではないのだから大変だろと畳み掛けると、建物をつくるのは大変だなという風になり、それを学生と一緒に作り上げてきた気がするんですが、今日の話を聞いていると、問題があるということは認識したけれど何故それが建ってしまったのか理解できていないという気がしました。佐藤さんが何度かヒントを投げかけていましたが、誰もそのヒントの意味が理解できていないので返答がおかしかったです。救いの質問をしているのに全然救いになってなかったですね。現場って最後の悪あがきの場なんです。そこで瞬発力とみんなの知恵を生かして何とか実現したとします。しかし、そのあとになぜ実現できたのか、どうしてその前はダメだったのかを理解しないと、偶然できただけということになってしまいます。全ての班が同じように思いますから、是非どうして建ったのか、自分たちだけでは立てられなかったのに、手伝ってもらったら建てられるようになったのか、班の中でお互いに確認しあってみてください。そうしないと、たまたまできたものの評価が高くて、たまたま１位になる案が出てきてしまうかもしれません。このワークショップの一番の意味はとにかく最後まで悪あがきをして、問題解決能力をつけることだと僕は思いますので是非そうしてください。

櫻井：皆さんは今回、人の大切さを学ばれたと思います。１つ目はものを一緒に作るということ。建築の醍醐味とは、デザインする人もいれば、企画する人もいる、ものを作る人も、取り付ける人もいる中で、いかに人間力を発揮してモチベーションを上げて

いくかということが大事です。人に尊敬されたいなら人に敬意を払うべきです。そこから人間関係ができていくと思います。今回のワークショップを通じてなかなか意見が通らなかったり、あるいはやりたいことができなかった、自分で全て仕切ってしまったなど色々な人がいると思いますが、モチベーションをお互いにあげることを考えるいい機会になったのではないかと思います。大切なことの２つ目は夢の力を使いましたか？ということです。夢は思っているだけではダメで、私はこのワークショップを通してこうしたい、そのためにはこういうことをするんだということを語らないといけません。そして共感を得ずに進めると、マイナスのベクトルが出て自分の力が打ち消されてしまうということがよくあります。ですから皆で夢を語って相談し、落とし所を見つけられた班がよかったと感じます。今日はさらしを使った班について、端部処理がもったいないことに、布の端が汚くて、取り付け方がぞんざいでした。それがよかったら、すごくいい作品に仕上がったと思いますし、もう一度自分たちも襟を正したいという風に思いました。コンセプトメイクや構造のことは皆さん卓越しているし、こだわっていたと思います。一方でディテールについては非常に残念でした。日本の建築の美しさはディテールにあると思っているので、その知識が足りないことを今日知って帰って是非勉強に役立ててほしいと思います。ちなみに、来年の明治神宮はしつらえやディテールが素晴らしいですので、建築も見えないところまで気を使ってほしいと思います。最後になりましたが、今回コロナ禍の中でこのワークショップが開催できたことは、本当に東大寺様の素晴らしいご決断をいただいたおかげです。私は、平

奈良県教育委員会・教育長 吉田育広

竹生島 宝厳寺・住職 峰覚雄

奈良県明日香村・村長 森川裕一

伊勢神宮・神宮主事 音羽悟

沼さんに当初4回だけ支援しますと言ったのに、次から次へと魅力的なことを言われて、このワークショップから抜けられなくなってしまいました。多分私が引退するまで支援し続けるのだろうと思っています。お疲れ様でした。

陶器：まずはコロナ禍で大変な状況の中、このワークショップを実現に導いてくださった東大寺の方々、AAFの方々、本当にお疲れ様でした。そしてありがとうございました。構造をやっている人間にとって、東大寺大仏殿、南大門と言えば、我々の原点、いわば聖地です。その建物に向き合いながら一日を過ごせたことは、私自身も二度と経験できないだろうという、一生の記憶に残る最高の舞台でした。これもひとえに、東大寺様はもちろんのこと、運営スタッフの方々の、実現に向けての想いがあったからであり、改めて感謝いたします。ここに集まったすべての人にとって、一生記憶に残る出来事で、本当に素晴らしい経験でした。

　入賞者の皆様、おめでとうございます。皆さんお疲れ様でした。このワークショップでは、モノと向き合え、場所と向き合え、と言っていましたが、そういう意味では、皆さんの作品は最高、けれどプレゼンは最低だったなと思います。中間発表の時からみんな大化けしましたね。その理由は多分みんな無意識かもしれないけれど、この場所の空気を肌で感じ、皆で悪戦苦闘しながら、ものづくりの難しさと魅力を感じたからだと思います。しかしプレゼンを聞いていると、折角みんなが身をもって得たことが全く伝わってこない。リモートではできないことを体感しているはずなのに、リモートでもできることしかしゃべってないと感じました。何を

学んだのか本当に分かっているのかとすごく不安でした。特に最優秀の1班の人たち、作品は一番いいと思ったけれど、票は入れませんでした。中間ではこてんぱんにやられながらも、やろうとしたことをやり遂げた。場にふさわしくないと言われながら、あの空間に動きと流れを与えることが出来た。おそらく死に物狂いで場とモノに向き合ったからあの作品を生み出せたのだと思います。中間以降、あの場で何を感じ、作品で何を表そうとしたか、そして、どうやって実現に導いたか。それを語るべきなのに、プレゼンでは理屈ばかり。なぜ感じたことを素直に話さないのか？

　もしかして、そのこと自体わかっていないのではないか？それなら、このワークショップをやる意味がない、と思いました。ただ、受賞の挨拶で最後に話してくれたことを聞いて、少し安心しました。平沼さんも多分来年からもやっていこうというエネルギーをもらったのではないかという気がしています。もう1つ、モノと向き合え、ということ。モノと向き合うというのはモノに命を与えてあげるということだと思います。他では決して使わせてもらえない大切なもの、役目を終えたもの、色々な材料を使わせてもらったと思います。ただ、みんなはそれを物理的な「もの」としてしか見ていなかったのではないか、もう一度考えてみてください。私は、特別賞の5班の作品を1位にしました。ただの石ころに見えるものをフィーチャーしてアートに昇華させた。造形もよかった。一つ一つでは力がなくても、みんなが集まると力になる、力を合わせることの意味みたいなことも感じ取れた。ただ、平田さんが「秩序が感じられない」と納得いかない様子でした。何故か、それは石というものを集めたけれど、それぞれに命を与えてあげ

64

明治神宮・禰宜 管理部部長 水谷敦憲

仁和寺・執行長 吉田正裕

法隆寺・管長代務 古谷正覚

東大寺・庶務執事 森本公穣

ていなかったから、役割を与えてあげなかったからなんだ、と思いました。アーチでもドームでも、それぞれの石は選ばれ場所と役割を与えられて、しっかりと力を伝えあって成り立っています。それぞれが活き活きと役目を果たしているからこそ、力強さを感じるのだと思います。ただ集めるだけでなく、それぞれにしっかりと役目を与えてあげてればもっと活き活きととそれぞれの素材が働いてくれるではないか、そんな気がしました。あと、講評でも少し言いましたが、7 班の作品。大仏殿の前という圧倒的空間の中に程よい質感とスケールで、場にとても合っていたかと思いました。やがて土壌に戻ってゆくというストーリーも良い。ただ、圧倒的に足りなかったのは、東大寺土塀に対するリスペクトです。みんなは「傷んだ土塀土の再利用」と一言で済ませたけれど、物理的には単なる土ではあるけど、ただの土ではない。そこに歴史の重層性があると思います。それを少しでも感じていたら、鹿の糞を混ぜるような失礼なことはしなかったと思います。

長い年月東大寺を護ってくれ、傷んで役目を次にバトンタッチした土たちが、大仏殿に対峙して大地が隆起したような造形となり、場に新しい空気を与える。長年わき役だったモノたちが、一日だけ最高の舞台を与えられる。いわば最後の晴れ舞台です。そして元の土壌に戻ってゆく。こういう気持ちを持って制作に臨んでくれていたら、と感じました。他の班の人たちも同じことが言えるのですが、モノを扱うときは、そのモノの気持ちになって命を与えてあげてください。そうすれば、モノたちは活き活きと働いてくれます。色々言いましたが、建築家の道は自ら切り拓くもので誰も手を引っ張ってはくれません。多くの経験をして、多く

のことを感じ、自らの道を切り拓いてゆくしかありません。何度も言われて聞き飽きていると思いますが、このワークショップでみんなは二度とは出来ない貴重な日々を過ごしました。ここでしかできなかった貴重な体験をみんなもう一度、今一度思い出して、これからの糧にしてほしいなと思います。

太田：ご苦労様でした。我々ファッションの業界も、今週からパリコレが始まります。ファッションの世界も同じですが、テーマと実物のクリエーションが全然違って、びっくりすることがよくあります。今日も拝見している中でいくつか、タイトルとものの主張が違うという物がありました。せっかくタイトルを付けるのですからしっかり組み立てて、そのタイトルが皆さんにグサッと刺さるような、そういうクリエーションを是非建築の分野の方々、特に若い人達にはそうしてもらいたいなと思います。そのためにはしっかりとリサーチをすることが大切です。鹿のせんべいのプランを立てた 6 班は結構リサーチをしていました。あれくらいしっかりとリサーチをして、テーマを立て、それに忠実なクリエーションをしてください。今日はありがとうございました。

小松：お疲れ様でした。東大寺の大仏殿の後ろに座ってこうやって見上げながら一日を過ごすというのは、恐らく二度とできない体験でした。皆さんのプレゼンを聞きながらも、ついつい大仏殿の高い扉などに見惚れて一日が過ぎていったような気がします。やはり 1000 年、1300 年残る建築というのは本当に素晴らしいなと思いました。新聞の仕事は生鮮食料品を作るようなもので、昨

日本設計・代表取締役社長 千鳥義典

安井建築設計事務所・代表取締役社長 佐野吉彦

柴田昌三

腰原幹雄

日の夕刊のニュースは今日は誰も読んでくれませんし、消えていきます。1000年という歴史の中ではどんどん色んな物が失われていきます。さきほど「壊す建築」という議論がありましたが、こうやって残る建築というものはやはり素晴らしいです。皆さんはそういうものに直に携われる選択をされてここにおられます。これからの活躍を心から期待しております。頑張ってください。

建畠：東大寺というロケーションに恵まれて、本当に面白い審査になりました。最優秀賞は完成度も非常に高くて、場所性も見事に押さえられていて、文句ない作品でした。優秀賞の方は隙だらけで、問題だらけだとは思うんですが、多くの評者達が建築と自然との共生のとらえ方に言及し、しかも作家の方もそれに対して反論しましたね。そうした喚起力のある問題設定に惹かれました。非常にまじめに取り組んでいたことが、かえってユーモアにもつながっていました。日本の建築界を代表する方たちが、それぞれのプロジェクトについて一つ一つコメントして、学生たちもそれに自分の意見を述べる機会があるというのは本当に素晴らしい試練の場所だと思います。他のジャンルではなかなかこんな機会は与えられません。これだけ時間をかけて、一日、充実した審査を行えたことはこちらにとっても貴重な機会でした。

南條：建築家の講評者の方と逆に、少し、感じたことがあります。私はものづくりという言葉が好きではなくて、何がものをつくっていることになるのか、本当の意味でものをつくると言う時はクリエイティブなことを言っていると思うんです。ただ、同じこと

をずっと繰り返しているようなものづくりではだめで、それではクリエイティブなものは何かというと、ひとつの新しいコンセプトなのではないかと思います。コンセプトという言葉は英語で、はっきり言って我々にはよくわからない。私が解釈をしているコンセプトというものはもっと幅が広くて、言葉で説明しないと分からないようなコンセプトだけではなくて、例えばこの技術をこのような使い方をしたら、こんな違うものができてくるんじゃないか、この素材とあの素材を組み合わせたら全然違うものができるのではないか、そういう考え方自体が全部コンセプトだと思うんです。審査していると、一番コアになっている、何のためにこれをつくろうとしたのかというところが見たい。それがはっきり表れているものが強くなり、形の上でもきちっと表現できていると、我々は説得されます。今回の、最優秀賞と優秀賞はすごく違いますが両方ともそういった側面を持っていたと思います。何がやりたいのか見えていたと思うんです。その観点から見たときに欠けていたのは、コロナの時代に生きているということに対しての言及はほとんど無かったということ。それからもっと大きな視野に立つと、地球環境の問題もそうです。今後人間社会に関わっていくでしょうし、日本はあらゆる自然災害を抱えていますが、この国の中で生きているということが全然反映されていなかった。巨大な時間を背負い、生き残ってきた東大寺の建築の前で今の問題をどうとらえ、それを表現するのかということはもう少し考えて欲しかったと感じています。

養：今日は本当に長時間ありがとうございました。東大寺とい

櫻井正幸

陶器浩一

太田伸之

小松浩

う約 1300 年も続いているお寺で大仏殿を眺めながら、という貴重な環境で建築の話をするという未知の世界に初めて参加させていただきました。皆さんの課題について、先生方の厳しい質問もありましたが、学生さんたちが本当に頑張ってやってきた姿を見させていただいて、私自身、大変勉強させていただきました。こういう機会を築いてきた皆さんと先生方に、この場を借りてお礼を申し上げます。平沼孝啓さんが、東大寺で建築学生ワークショップを開催したいと、当館の館長室にいらっしゃった日のことを思い出しています。これだけ彼についてきている学生さんがいらして、彼は特別な方なのだなと思いましたし、私もお手伝いできたことを非常に嬉しく思っています。今日最優秀になった作品はやはり安定感があったことが勝因ではないかと思っています。皆さんこれからますます勉強して、いい作品をつくってほしいです。コロナ禍がまだ何年も続きそうな世の中ですが、我々は頑張っていかなければなりません。今回この場所を貸してくださった東大寺さんに本当に感謝をいたします。これからの日本を、皆さんが背負って、建築を通じて今以上に綺麗な日本にして欲しい思っています。このような機会を与えてくださってありがとうございました。

藤本：皆さんお疲れ様でした。とても素晴らしい結果だったと思います。とても楽しく講評しました。1 点だけ、すごく根本的なことを伝えたいと思います。それは「問い直し続ける」ということをいつも心に留めておいてほしい、ということです。何か思いついたこと、進めている方法、素材、納まり、周辺との関係、全

てのことに関して「そういえば、これってどういうことだったっけ？」「この素材の使い方の本当のポテンシャルはこれでいいのか？」「音、と言った時に、それはどんな音なのか？」「軸を作ったほうがいいのか、逆にないほうがいいのか」あらゆることを、問い直しながら、少しずつ、大胆に、しかし同時に常に自分を疑いながら、しかし大胆に進んでいってほしい。自分が何かアイデアを思いついたときに、色々な視点から見たときにどういう面白さがあるだろうかということを常に問い直さないと、何となく思いついたことだけがそのままずっと残って、他の人から見たときに結局何の意味も分からないことになってしまいます。これはもったいない。大きなコンセプトもそうですし、使う材料もディテールも、あらゆることを問い直す事が重要です。常に問い続けるというのは、自分自身でそうするというのはもちろんですが、他者との対話の中で、それはとても生き生きと行われます。それゆえに、僕はこういうチームでの作業というのが尊いと思うのです。自分が考えたことが、常にチームのみんなの視点によって、問い直され、疑問を提示され、可能性を開かれ、アイデアを出し合い、そうやって問い直しながら、どんどん展開していけるのです。自分自身で問い直し、他者とのやり取りで問い直し、問い直すことでアイデアがより強いものに変化し成長し、道が開けていくのです。そのプロセスが、まだまだやれると思いました。出発点として面白そうなのに、十分問い尽くされていない、十分アイデアの可能性を掘り下げ尽くしていない案は、やはりもったいないと思う。どんな小さな出発点も、とても面白い、世界に一つしかない何かへと繋がっていると僕は思います。そこに至ることができるか、否かは、

建畠哲

南條史生

養豊

藤本壮介

ひたすら問い直し続けることにかかっています。

　今日は非常に忘れがたい1日でした。皆さんにとっては忘れがたい数か月になったと思います。この日々は皆さんの人生にとって、素晴らしい価値を持ったものとなるはずです。その日々を過ごしたという自信を持って、そして自信があるからこそ、自らを創造的に疑い、問い直し、さらなる高みを目指してください。

平田：本当に忘れがたいイベントになりました。自分自身も、こんな場所でこんなことができたことが印象深く、これからもずっと思い出すように思います。建築というのは、自然と人間の接面を創ることだと思うのですが、特に現代の建築はよりしなやかにそれをするための方法論をどう発見していけるかということを考えているのだと思います。その時に例えば炎のような動きのように、すごく動くものを建築に持ち込んでくるときに、ユニットみたいな話は必ず出てきます。それをどういう風にもう一段階高度な考え方にできるかという事がすごく問われると思うのです。惜しい考え方のものがけっこう多かったかなと思います。あと、ランダムネスみたいなものを取り込むときもそうですが、先回りしてランダムさを許容するような考え方というのをうまく開発したらより面白くなるのですが、まだランダムなままだったというようなものが結構ありました。でもそれは簡単なことではなくて、すごく難しいことなので、ここでできなくてもこれから先でどんどん考えていけばいいと思います。1点だけ気になったのは、もう少し前もって考えてもいいのではないかという事です。つまり、模型の段階でもっと考えて、防ぎ得た乱雑さがもともとあったの

ではないかということ。もう一段階高いレベルでなにか予想外なことが起こるようにしたら面白いと思います。しかしすごく面白い会だったと思います。東大寺の方々にも改めて感謝申し上げたいと思います。

五十嵐：このワークショップは図面と模型だけで終わる普通のワークショップとは違い、モノをしっかり作ることを徹底する、他にはないワークショップです。今年は特にコロナの問題があって、ほとんど大学の授業がリモートになり、設計課題も模型なしで図面だけを画面で見るスタイルが増えました。それだけに余計この場所でリアルにモノを作ってもらい、現場で作品を生で見てから、対面で講評できたのはすごくよかったです。当たり前ですが、建築には大きさがあって、重さがあって、さらにここは敷地が大変広く、講評の会場が大仏殿の隣という忘れがたい体験です。そういう意味でも、リアルの重要性への思いを強くしました。総評としては比較的前半は、それぞれユニークな形態を追求していたと思います。そのデザインは何のためかという疑問が残る場合もありましたが、1班は1番かたちも美しかったし、あの場所にフィットしていた。5班は、小さいけれども、存在感があり、力強さをすごく感じました。6班と8班は、コンセプトやシステムの話をしていましたが、両方とも最終的な造形があまり良くなかった。6班は2位になりましたが、解体のプロセスを含めて、もう少しいいデザインがありうると思いました。8班は理詰めでやろうという手続き自体、僕は決して嫌いではないですが、ちぐはぐだったために、全然点数が入らなかったですね。もっと理詰めを徹底す

平田晃久

五十嵐太郎

吉村靖孝

山崎亮

れば、化けたかもしれない。それぞれの作品には、足りないところもあったと思いますが、東大寺のパワーをもらったせいか、総じて例年より全体の水準は高かったと思います。

吉村：今年は本当に各敷地が凄まじいと言っていいようなレベルで、敷地の境内の中に分散していて、あの日本を代表する名だたる建築の本当にすぐ脇に建てるという貴重な経験を皆さんがしました。中間講評、あるいはその前から「この場所でしかできないことを」と散々言われてきたと思います。皆さんそれによく答えてくれたと基本的には思っています。各班の場所を巡った時に「ああ、なるほどな。」と納得できる感覚がありました。ただ一方で、周辺を考える時に、どうもすぐ隣に建っている建物に小手先で抗おうとしたり、本当はこの自分の建物によって、その周辺の環境そのものが良くなるという事を目指さなければいけないのに、自分の建物を良くしようとした案が多かったということが若干気になりました。基本的には皆、面白いと思っているんですが、南大門に背を向けていたり班があったり、二月堂をさらしで隠すという4班、それを隠す意味がよくわからなかった。あの場所なら、南大門、二月堂が良く見えるように本当は考えるべきじゃないのかなと思いました。8班の音の作品も、鐘の音がいいと思ったのであれば、なぜ鐘の音を変えようと思うのか。最良の状態で鐘の音を聞くことを本当は考えるべきだった。例えば音圧を拡張して感じることができるような、例えば視覚化を考えてみるとか。音の周波数を変えるのでは音そのものが変わってしまうので、何か違う方法で見てくれる人たちのために開いていくことが考えられ

たら良かったなと思いました。是非そういう事も来年以降も期待して見ていきたいなと思っています。

山崎：「建築学生ワークショップ」を経験した学生さんたちが、これから取りうる未来が2種類あると思っています。一つは、小さなスケールの建築を丁寧につくるという経験をしたからこそ、大きなスケール建築を作る時にも現場の状況を考慮しつつしっかりとしたプランが考えられるようになるということ。ただ、個人的にはもうひとつの方向性、つまり小さなものを市民とともに丁寧につくっていくということを続けていくというような未来に期待しています。

　僕はこれまで15年間コミュニティデザインという仕事をしてきました。最初は公共建築を作る時に市民の意見をまとめて設計に反映させるという仕事でしたが、そのうち地域包括ケアに資する活動チームを作ったり、地域福祉計画や環境基本計画など各種計画をみんなで話し合って作ったりするようになりました。最近では、刑務所にいる終身刑の方々が高齢化しているから、若手の受刑者が高齢の受刑者をケアするようなコミュニティを作ってほしいという相談を受けるようになりました。建築からかなり離れた場所まで来たように見えますが、実はどのプロジェクトでも小さなスケールの建築を市民が力を合わせて作るということが求められます。今回のように力を合わせて小さな建築を作った学生たちが、コミュニティとともに小さな建築を丁寧に作り上げてくれる。そんな未来を選ぶ学生がいてくれることを願っています。

芦澤竜一

竹原義二

遠藤秀平

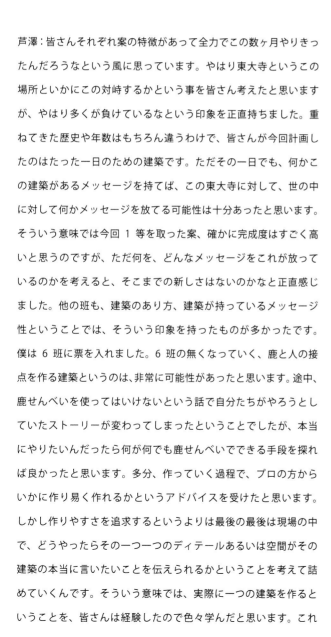

安井昇

芦澤：皆さんそれぞれ案の特徴があって全力でこの数ヶ月やりきったんだろうなという風に思っています。やはり東大寺というこの場所といかにこの対峙するかという事を皆さん考えたと思いますが、やはり多くが負けているなという印象を正直持ちました。重ねてきた歴史や年数はもちろん違うわけで、皆さんが今回計画したのはたった一日のための建築です。ただその一日でも、何かこの建築があるメッセージを持てば、この東大寺に対して、世の中に対して何かメッセージを放てる可能性は十分あったと思います。そういう意味では今回 1 等を取った案、確かに完成度はすごく高いと思うのですが、ただ何を、どんなメッセージをこれが放っているのかを考えると、そこまでの新しさはないのかなと正直感じました。他の班も、建築のあり方、建築が持っているメッセージ性ということでは、そういう印象を持ったものが多かったです。僕は 6 班に票を入れました。6 班の無くなっていく、鹿と人の接点を作る建築というのは、非常に可能性があったと思います。途中、鹿せんべいを使ってはいけないという話で自分たちがやろうとしていたストーリーが変わってしまったということでしたが、本当にやりたいんだったら何が何でも鹿せんべいでできる手段を探れば良かったと思います。多分、作っていく過程で、プロの方からいかに作り易く作れるかというアドバイスを受けたと思います。しかし作りやすさを追求するというよりは最後の最後は現場の中で、どうやったらその一つ一つのディテールあるいは空間がその建築の本当に言いたいことを伝えられるかということを考えて詰めていくんです。そういう意味では、実際に一つの建築を作るということを、皆さんは経験したので色々学んだと思います。これ

からも今回の学びを糧にして頑張ってください。

遠藤：非常に素晴らしいワークショップになったと感じています。各班の取り組みの結果は点数で出ましたが、ワークショップというものはプロセスが一番重要です。数ヶ月かけて、ここまで来たプロセスは皆さんが獲得した貴重なものです、必ず将来に活きてきます。今日はこの素晴らしい東大寺の場をみなさんと一緒に共有できたことに感動しています。1 点だけ、成り行き任せという判断が所々プレゼンテーションにおいて発せられていて、私は非常に気になりました。制作過程に、偶然や自己決定以外の要素を取り入れる余地を持つことは、多様な可能性のある取り組みだと共感します。しかし、建築やデザインの行為では、結果を見据えること、要するに結末を自分で予測し把握しておくということが基本です。それがないと、自分の人生を他者に委ねてしまうようなことになる。現在コロナウイルスにより様々な問題が起きている、だからと言って、コロナに判断を委ねてはダメです。自分で考えて判断してほしい。海外の仕事をしていると、現地に委ねないといけないことが多くあります。でもこうなるだろうと予測をして、その予測をもとに行動しないといけないし、そこに判断と責任を持たなければならない。それが建築を考えることであり、建築を生み出すことだと考えます。

竹原：東大寺というとんでもない歴史的な場所が舞台ということで、みなさんの今日の発表はそこに負けないものになっているか、と楽しみに来ました。松の皮を素材に選択している班が

太田伸之

小松浩

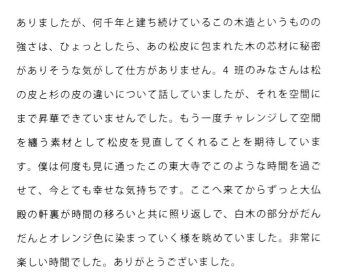
五十嵐太郎

陶器浩一

ありましたが、何千年と建ち続けているこの木造というものの強さは、ひょっとしたら、あの松皮に包まれた木の芯材に秘密がありそうな気がして仕方がありません。4班のみなさんは松の皮と杉の皮の違いについて話していましたが、それを空間にまで昇華できていませんでした。もう一度チャレンジして空間を纏う素材として松皮を見直してくれることを期待しています。僕は何度も見に通ったこの東大寺でこのような時間を過ごせて、今とても幸せな気持ちです。ここへ来てからずっと大仏殿の軒裏が時間の移ろいと共に照り返しで、白木の部分がだんだんとオレンジ色に染まっていく様を眺めていました。非常に楽しい時間でした。ありがとうございました。

安井：本当に今日は大仏様の裏側ですごくいい時間を過ごせたと思います。土を使った7班と石を使った5班は重さは大体700kgから800kgだと聞きました。10平米位のところに、建物のフォリーを作るにしても、それぞれ素材の違いや重さの違いがあるんですね。建築の素材感ってすごく重要だと思うので、現場に行って自分で触って、重さだけでなく、暖かさであったり冷たさというものも感じてそれを常に反映していくというものの作り方を続けてもらいたいなと思います。今日は本当に1日お疲れ様でした。

安原：皆さん本当にご苦労様でした。僕は1班、2班、5班に投票しました。1班の作品の完成度はピカイチだったと思います。2班はまた別の形で非常に柔らかい空間を実現していて、とても感銘を受けました。5班の作品に1番たくさんの点を入れたので

すが、その理由は、あの建築はこのままずっと立っていてもいいんじゃないかと思えたからです。周囲の環境から集めてきたものだけでつくられたあの建築は、自然の蟻塚のような不気味さを備えています。また現段階では単なるオブジェの状態でまだ空間がないけれど、やりようによってはこれまでにない空間に展開していく様々な可能性を感じることができました。何百年もこの場所に立っている東大寺の建築群に、テンポラリーな建築どう対峙させるかが今回のワークショップの大きなテーマですが、僕はその境目はわりと簡単に飛び越えられると思うんです。このワークショップはそのための思考実験という側面もあって、5班の作品には、現代建築で1000年建ち続けるものをつくり得るヒントが隠されている気がします。そういう意味で、参加した全ての皆さんに、この経験を単なる仮設建築づくりのイベントで終わらせず、これからの建築活動におけるひとつの原点として大事にしていってもらいたいと思います。

横山：皆さんお疲れ様でした。今日午後からずっと曇っていて雨が降るかとそればかり心配していたんですが最後まで降らなかったですね。いい具合に日の当たらない日陰状態で、この会を過ごせた。最後にあの見事な夕焼け。東大寺はすごいですね。本当にそう思います。前回も言いましたが、東大寺を解釈するとか理解するとかロゴスで東大寺に向き合ったらダメだ、パトスの問題で気持ちの問題だと言ってきました。実際今日できていた形は、皆さん見事にパトスを表現していたと思います。気持ちがちゃんと伝わってくるようなものになっていました。特に、面白かったのは、

開催の様子

特別賞5班「KURA」

優秀賞6班「繋 ―植物か建築か―」

8回ワークショップやって初めての素材が3つありました。一つはオールストーン。石は今までおもしとして使っているものはたくさんあったんですけど、石そのもので形を作っていくというのは初めてでした。もう一つは松の皮。松を、あんな風に見つけてきて建築を作るのはなかなか面白かったです。三つ目は、食べられる建築ですね。食べられる建築という素材が出てきたということは、非常に画期的で、次の時代を感じさせるようなものだなと思いました。しかし、そういう面白さがあったのに、プレゼン下手でしたね。要するに自分たちはどう感じたのかと言うことを表現する術を、皆さん持っていないみたいです。コンセプトはこうで軸線はこうだとか、歴史性がこう重なって、という話ばかりしていました。自分たちで持ってきた形と説明がほんとに乖離している状況にあるので、自分たちの作った作品をきちんと説明できるような、ロジックが必要だと思います。是非これから力を養ってください。建築は全てがロジックで成り立つわけではありません。様々な偶然性や気持ち、そういうものが建築になることは充分有り得ることです。それを皆さんここで経験しましたので、自分の言葉でもう1回言えるように整理してください。しかし、とても面白かったです。どうもありがとうございました。

倉方：面白い瞬間がたくさんありました。例えば6班、藤本さんが鹿に対して言ったことにすごくハッとさせられました。つまり倫理的であれと言ったと思うんです。要するにそれは、鹿を騙している、鹿を利用している、あるいは鹿を材料として消尽しているんじゃないかということです。昨今はSDG'sの問題や運動な

どがありますが、倫理的かということはすごく大事だと思うんです。また養先生が仰った、東大寺という構築されたものに対して、その前に壊れるものを置くのはどうかということ。これも既存の環境をただ利用していて、騙して、消尽しているのではないかということだと思います。また柴田先生はその前に松皮を使った班に、あれはただ重くて脆いものなのではなく、こういう理由で穴が開けていると、素材に対して自分の都合で利用するのではなくて、理解してその素材の本性を発揮させるように使うのが論理的だとおっしゃった。そして構造的に上手く引き抜けるようにすると鹿も楽しんでいるし、騙していることにならない。壊しやすいっていうことは、構築っていうことと実は矛盾しないんだっていうことを、佐藤先生がおっしゃった気がします。つまり、この現場でしか、人と人との間でしか現れない意味というのがあって、それを今日は皆さん目の当たりにしたのではないかと思います。それはプレゼンテーションで最初から用意されている言葉や、ただ言葉を自分の道具として利用するという、精進的なあり方ではない、倫理的に、そこで埋もれているネガティブなものをポジティブにしていくということを今日はすごく体感をさせられました。そういうことを行う学問の場なんだなと、今日は東大寺様に教えられました。

佐藤：まだまだ時間が足りないですね。私はまだまだディスカッションしたいです。私は最終結果にかなり不満で、もっとチャレンジングな構造デザインができそうなこのワークショップで期待を持っているので、第一回投票をやった後に、ディスカッション

建築学生ワークショップ東大寺2020

最優秀賞

最優秀賞1班「浄」

をしたいなあと毎年思っています。しかし、総合的には評価されたということで、それはそれで結果を受け入れたいと思います。途中、壊れる構造、壊れる建物という話が出てきましたが、我々構造設計をする人間は人の命を担っています。重い責任で苦しくなりますが、それに誇りを持っていて、それだけの緊張感を持って設計をやっています。だから建物が大地震で壊れる時、風で壊れる時、どういう風で壊すべきか、たとえ再使用不能になってでも、人の命は守るという設計をします。飲まずにはやっていられない職業です（笑）。力学を感じて力学を操るというのは大自然を操る、感じるということです。そういう楽しみを感じられるこのワークショップを余計に楽しんでいます。このワークショップ、これからもずっと続けていきたいです。お疲れ様でした。

司会：それでは総評の最後に平沼先生お願いいたします。

平沼：総評をお聴きしながら、焼けた空、素晴らしい夕陽に感動していましたら、ブラックアウトしてしまいました（笑）。大仏様のお背中で暗闇になるこの時間まで、多くの皆さんにお付き合いいただき、本当にありがとうございました。先ほど、千鳥社長、佐野社長そして櫻井社長から、今後の協力をくださるお申し出と皆さんへのお誘いや、継続的な協賛のお願いまでお話しくださいましたことから、僕から皆さんにお願いすることを失いました（笑）。僕にとりましては、誇らしげな気持ちにさせていただく素晴らしいコメントをいただき、この場をお借りして深く、御礼を申し上げます。総評でいただいたコメントもすべて、何か事前に

すり合わせた訳ではなくて、学生たちが、ただただ建築に向かって夢中になって建築を愛して取り組む姿が諸先輩方へ伝わり、そう発言させたものだと感じています。これまでの開催地、また今後の開催地となる聖地の方々にお越しいただけたこと、またこのような皆さまが連なっていることに驚いているのは僕自身であります。特に今年の情勢から、いつこのワークショップがなくなってもおかしくない状況を幾度も乗り越えながら、腰原さんをはじめとした同世代の構造家や建築家の皆さんに応援や励みとなる大きなご助力をいただき、本日のこの状況を今、皆さんと共有することを叶えてもらっております。毎年、昨日のように早朝から、まだ不安定な班の建築を建ててあげようと、前日に集まります。今年は特に、佐藤さんや平田さんのような建築界を代表される設計者たちが、日中に各班の計画地を巡回してまわり、学生らと泥だらけになりながら、設計の意図やコンセプトなど、批評性を形態で表現するよう構造強度を与えて叶えていきます。その夜、適切な対策を講じながら皆さんで久しぶりに食事をする機会を設けたのですが、その席で、今後の開催地の議論を交わしました。「いつもどうやって開催地を決めているのですか？」と尋ねていただくことが多いのですが、実は、いろんな聖地を好き勝手にあげられます。昨晩は久しぶりに皆さんでリアルに集まったこともあり、「どこでやりたいですか？」と先輩たちに尋ねたら、「マチュピチュ！」「モンサンミッシェル！」などと、好き放題な話が、どんどん広がるのです（笑）。この何の文脈もなく好き勝手な候補地が国内外で10カ所以上どんどんあがった最後に、腰原さんが放った一言が、「平沼がこの世から亡くなるまでやろうぜ！」。

平沼孝啓

会場：（大笑）

平沼：僕のことをよく知る友人には、先輩たちにダイスを振られ進む「スゴロクのような人生だ」と云われますが、なぜか僕は死ぬまでやることに昨晩決定されました。皆さん、どうぞよろしくお願いします。

会場：（爆笑）

平沼：日本の聖地と伝えられる場所には、その自然環境に共鳴した建築物が存在します。建築を志した者たちにとっては、いわば「建築の原初の場所」。そんな貴重な開催を僕たちは継いでいきます。僕たちが学生の時には、図面や模型、CGでのワークショップはありましたが、実学として小さくても建築を実現するようなことは叶いませんでしたので、その想いを次の学生たちには、叶えてあげたい。彼らにとってみれば、いわば処女作と言われるようなもの、地域リサーチからコンセプトワーク、実際に提案を制作するといったことを体験し、設計者になった時に、材質の特性を知り木材一本の重さを分かった上で設計できるような人になって欲しいと強く願います。最後になりましたが、運営・参加学生諸君、今日まで本当にお疲れ様でした。でもワークショップは今日までではなく、明日が最終日、それぞれの自宅に帰るまで終わりません。コロナ予防だけではなく、くれぐれも事故や怪我、気の緩みなどからの不注意な行動などがないよう、緊張感を絶やすことなく、帰宅するまですべての

ことにくれぐれも気をつけてお帰りください。そしてこの学生たちを支え、アドバイザーとなり応援をくださいました、地元をはじめとする全国の建築の技術者の皆さまにエールを捧げます。この情勢のなか、本当にこの開催はできないのではないかと沈み、寝ても覚めても悩み、誰にも判断できないような不甲斐なさに苦しんだ時期、幾度もメールの応答をくださった橋村執事長から「この情勢の中で経験した者たちには、あらたなことを次々と教えてもらえるものだ」という素晴らしいお考えを教わりました。この場に参加した学生たちが、基軸となる次の輝く時代に合わせて社会で活躍してくれることを、この年、この場で、今日の記憶を共にした皆さんと願っています。今日、お集まりくださいました皆さまに、謹んでお礼を申し上げます。ありがとうございました。

司会：皆様ありがとうございました。それでは最後にこのワークショップの開催にあたりまして、本当に多大なるご協力をいただきました東大寺橋村執事長様より閉会のご挨拶をいただきたいと思います。橋村執事長様、よろしくお願いいたします。

橋村：閉会のご挨拶をさせていただきます。まず何よりも、今日受賞されました学生の皆さん、本当におめでとうございます。また、今回は受賞から外れた学生の皆さんの健闘もたたえたいと思います。受賞された方々のコメントにもありましたが、やはり、今回の作品を作るにあたって色々な葛藤もあったでしょうし、たくさん辛抱しなくてはいけないことがあったことと思

東大寺・執事長 橋村公英

いまず。辛抱というのは、辛は辛いという字、抱は抱くという字を書きますが、今を受け入れる力のような、そういう良い意味での辛抱というのはきっと未来を開く力に繋がっていくのかなと思います。今回参加された学生の皆さんも、今度のことを色々な形で思い出す機会があると思いますので、将来の糧にしていただいたら、こんなに嬉しいことはありません。それから、先ほどコロナウイルスの感染のことが何度も話に出てきましたが、日本だけだとか、どこかの地域だけということではなくて、世界中に関わりのあることになってしまいました。今回の開催に当たっても、色々と判断に迷うこともありましたが、実際の開催におきましては、AAF の皆さんや学生の皆さんも随分、感染については注意され、色々な形でご協力いただきました。しかしそれだけではなく、講評者の先生方、アドバイザーの方々他、様々な形でご協力いただいた多くの関係者の方々もそれぞれコロナウイルスの流行の状況を見ながら、また社会や経済と向かい合いながらお力添えいただいたということを、学生の皆様もよく覚えておいていただけたらありがたいなと思います。それから今朝、8 つの作品が完成したということで一応建ちましたが、どの班の学生さんにとっても、今日の作品としては完成だけれども、やはりどこかにそれは未完の一コマだなという気持ちがあるのではないかなと思います。それが、この学生ワークショップのとても大きな魅力だと思っています。未完であるからこそ、また次のページが開かれていくのだと思います。一人一人の未来のページに、開催地の奈良であったり、また東大寺の建築の未来に関わっていただけるページが開かれることが

あったら、こんなに嬉しいことはないと思っております。最後に共催いただきました、奈良県並びに奈良県教育委員会様、そして奈良市様、またお力添えいただきました多くの関係者の皆様に心から御礼を申し上げまして、来年の開催地となる明治神宮様に今日、バトンタッチいたします。来年はどうぞよろしくお願いいたします。来年明治神宮様で皆さんと再会できるような状況になれば本当に嬉しいと思います。

今日は遅くまでありがとうございました。

M邸
©NARU建築写真事務所

ファサードをガラスブリックにより表現する際に大きな課題となったのが、ガラスブリック上下の目地をずらした馬目地の実現である。課題を克服するためには、下地材の構成、ガラスブリックの製造方法、施工方法など、検討しなければならない事案が多々あった。今まで蓄積してきた構造解析の知見や、製造工場・取付業者との細やかな連携により、実現に至った。

世界で活躍するデザイナーと一緒に作品づくりをしませんか？

わたしたちは、「建築の顔」と呼ばれるファサードをつくる技術者集団。建築家たちのイメージを具現化するファサードエンジニアリング企業として、「建築学生ワークショップ」の活動を応援しています。

私たちは美しいファサードづくりに挑戦しつづけます。

旭ビルウォール株式会社

設計事務所でもゼネコンでもない、ファサードエンジニアリングという選択肢
新卒者募集 http://www.agb.co.jp/recruit/

大仏殿にて

あとがき｜ 東大寺開催の軌跡 　−　 建築学生ワークショップ東大寺を終えて

建築家 ｜ 平沼孝啓建築研究所 主宰

この年、この場所で

　高野山・開創法会 1200 年の年と重なり、100 年に一度、山が開かれていた 2015 年。3 年間の中断を余儀なくされた復活のワークショップ開催が終わった秋、高野山に御礼のご挨拶に出掛けた。開催終了後に、正式な挨拶に向かった先は、高野山金剛峯寺・添田総長。この開催を終えた取り組みの報告をはじめると、当初からの事情をご存知ないにも関わらず、学生らが合宿をはじめた頃から、金剛峯寺周辺で展開される取り組みの様子を見て、関心を深めて下さったことを細やかにお聞かせいただけた。そしてさらなる今後の開催を薦めてくださる程、まだ自身では気づかぬ実学として共有した教育の在り方と評価をお話くださった。でもこの時に、このような展開になるのかは予想もしていない。数日が過ぎたある日、添田総長からの突然の電話が鳴り、今後の開催候補地の予定を聞かれた。もちろんであるがこの時点では、決定した候補地を持ち合わせていた訳ではなく、これまで比叡山で申し入れを粉砕されたという、過去の未熟な僕の痛手を笑い話として伝えると、比叡山と高野山の関係を話し始められた。偶然のことであったし、世界遺産の地に学生たちが合宿し、小さくても建築を実現化させるような機会は最後だろうと思っていた矢先にこの電話で転機は訪れた。高野山の総長から、比叡山の執行に話が伝わり、開催の内容の説明にまずは伺うよう仰った。この時、それまでに深い関係性を築き、高野山の本開催の復活に駆けつけ、大変喜んでくださった一番の応援者である 2011 年の開催地、竹生島・宝厳寺の峰住職が、これまでの延暦寺とのご関係から過去の開催地としての体験を伝えるために同行して下さり、比叡山へ上がった。このご厚意が大きな信頼を生み、実際、この取り組みの話に耳を傾け大きな協力をくださることになった。この時お目にかかった僧侶は、後に共催としての導きをくださる延暦寺の小森部長と武さん。偶然にも 2017 年、60 年に 1 度の国宝根本中堂「平成の大改修」始まりの年であった。根本中堂のような国宝の大改修というものは、一度、工事がはじまると 10 年程度の工事期間を要し、平成大改修のように重要文化財の廻廊を含む場合、現場の性質から一旦、工事を開始してしまうともう、このような取り組みができるはずがなく、この機会を逃せば、僕たちが生存している間には開催の機会は訪れないであろう。つまり改修工事を始める際に組まれる大掛かりな鉄骨足場を組む時期、つまり 60 年に 1 度の機会であるというのである。そう想い返すと偶然とは不思議なものだが、偶然が重なるという体験は、貴重な経験を導き、生涯忘れられない記憶を刻んでくれる。実に開催を希望してから、6 年越しの挑戦で実現を叶えた比叡山開催は、これまで余すことなくご尽力を続けてくださった方たちによる、集大成だったといってもいいだろう。この開催を延暦寺の皆さんと共有できたことは、僕にとって感慨無量の出来事となった。そして今も尚、これまでの開催地から当年の応援として駆けつけご挨拶をくださるのだが、高野山・金剛峯寺の添田総長をはじめ、この開催を生み導かれた明日香村の森川村長、竹生島・宝厳寺の峰住職、またここで次年度開催の伊勢、神宮司廳の音羽主事の翌年開催のご宣言を合わせたご挨拶をいただき、そしてもちろん開催地、比叡山延暦寺の代表役員であった小堀執行より、身に余るお言葉にて開催のご挨拶をいただき無事終えられたことが、今思うとまた非常に大きな転機をもたらされることになる。

　終了後の翌月、この開催に駆けつけてくださった皆さまがいる聖地を巡礼する。もちろん開催をしたことのある場所には、大変な思い入れをもつものだ。毎月のように数年間通うなかで培われた思いと環境を目にすると、ついつい懐かしさのような新しい視点をもつ。変わりなくご親切な応対をしてくれる地元の皆さまをはじめ、建築の技術者たちはこの取り組みを通じて大いに励ましをくださる。僕にとってのいわばアナザースカイ。建築の原初の場所には、故郷のように慕う方たちがいてくれて、これは貴重で大切な役得と言える。非常に困難極まりない取り組みであるが、これがたまらなく好きなのである。添田総長へ開催の報告とお礼に伺うと、当日の素晴らしさや気が付かなかったいくつもことを教えてくれる。乱暴な言い方をすると次の開催に備えておくべき注意と共に、これまでに訪れたことのない聖地の話をお聞かせくださるのだ。つまり、過去となった開催の報告に行くのだが、添田総長はこれまでのことではなく、これからのことをずっと話している。結果としての完成や到達点を目指す話をするのでない。この連なるプロセスが大切なテーマであると気づかせてくれるのだ。僕の表情から、じんわりと実感しはじめた様子がわかるのだろう。でも添田総長の言葉はそれほどわかりやすくはないし、考えが及ぶほど僕には配慮が足りていないし、あれだけの方である。僕にとっては唐突に見えたのだが、話の内容からすべてを見透かされたかのように電話をされた。電話が終わると「東大寺へ行ってみてください」その一言で終わったのが、全てのはじまりはここからとなる。大阪に隣接する奈良にはそれほど通う用件もなく、恐らく、東大寺には小学生の頃に訪れた遠足以来、訪れていなかった。はじめて本坊にある寺務所に伺いご面会いただいたのが、橋村執事長である。当然、添田総長の唐突なお電話の後、建築の設計者が寺を訪れたのだから、用件を率直にお話しするしかない。それまで

2016年11月18日　二月堂より奈良まちを一望　　　　2017年11月29日　東大寺開催へ　　　　2018年1月16日　明日香村森川村長と東大寺へ

の取り組みとこれからの開催希望地を述べ、東大寺での取り組みの可能性をお尋ねした。うる覚えであるがこの時点での橋村執事長は良いとも悪いとも仰らず、ただ東大寺は僧侶たちの合議性で事業の受け入れを決定されることから、なかなか難しいことを告げられたように思う。でもはじめて訪れた地で断られなかったのは、これが初めてであった。それよりも東大寺のことをあらためて学びたい一心で、参らせていただくことを申し出て、橋村執事長を訪ね、造営に関することや建築のことで疑問に思うことをお聞きしては参り、親交というよりはただただ、大仏殿をはじめとする造営を繰り返した建築を、見に出かけるようになった。翌年の開催が伊勢開催であることをご案内し、一度、このワークショップがどのようなものか、開催の様子を見ていただきたいとお願いし、伊勢開催ファイナルの公開プレゼンテーションにお越しいただくことができた。「よい会をつくられましたね。」公開プレゼンテーション終了直後、橋村執事長にそのような温かく貴重なお言葉を下さった。

　東大寺は学問寺である。728年に建てられた金鐘山寺を源とした東大寺は、国分寺として建立されたことから「華厳」をはじめ奈良時代に六宗の宗所（研究所）が設けられ、平安時代には、「天台」と「真言」の教学も盛んに研究されるようになった「八宗兼学」の学問寺である。つまり現代の総合大学の役目となり、わが国で伝えられてきた「学問の原初の聖地」とする清らかな場に身を置き、この歴史環境を現代にも残す環境で、全国から集まる学生らがこの伝統的な過程に触れ、この場に位置づけた建築の解釈を生む。普段、学内の似通った価値観の中で学んでいる建築を学ぶ大学生にとって、大変貴重な経験を日本学問の原点である「東大寺」に関わる人々と共に取り組む機会にしたいと考えていた。当初は2020年に明治神宮開催を予定し、東大寺開催を2021年と仮の予定を申し入れたが、オリンピックの開催と同時期開催になることから大きな影響を受けるように感じていた。また、これは後に明治神宮でお聞きするのだが、明治神宮鎮座百年が、2020年11月1日ということもあり、百年の機会に重ねた夏の開催を予定すると、2021年の方が盛り上がる機運さえも感じ取れた。また、そのことと同時に、建築界のノーベル賞と称される日本初のプリツカー賞授賞式を行われた場所が大仏殿・回廊。およそ30年ぶりの地においてJr.プリツカー賞のような開催を予感された。東大寺の成り立ちを深く知り、86年、シカゴ美術館・東洋部長時代に東大寺・秘宝展を企画された米国で、20万人を動員され反響を残し、現在の世界的な東大寺の位置づけのきっかけを示されたのが、現在、兵庫県立美術館の蓑館長である。橋村執事長が古い紙面を見つけ出してくれ、その当時、若かりし授賞者、フランク・ゲーリーの顔写真と共に記事をじっくりと読み、蓑館長のもとへ訪れた。プリツカー財団と東大寺の橋渡しをされた当時の様子を詳しくお聞かせいただけ、授賞式の開設やスケッチなども記憶を辿りながら描いてくださった。この状況を得たことから、開催する年の目標をもち、2020年開催への準備を整え、地元の建築技術者の方たちとの交友が深めていった。安井設計事務所で勤められ、実家が東大寺に隣接する秩父さんを佐野社長から紹介され、奈良・地元出身の浅沼組の浅沼社長や、奥村組の奥村社長、そしてこの開催の当初から率いてくださる、村本建設の村本社長を訪れ、奈良における東大寺の存在、地元の方々の存在の大きさなど、地元の建築技術者としての貴重な話を含め伺うことができた。建築界にいて、一番恵まれていることを実感するのは、わからないことを尋ねると必ずと言っていいほど、教えてくださる方がいることだ。どうも、あまり質問の対象となったことのない変わった箇所を質問しているようで、知らないことは一緒になり調べ、また詳しい別の方を紹介してくれる。興味をもつことに対し調査や現地のリサーチを続けていくと、同時に、奈良に関わる多くの方たちを知ることとなった。その中で、大きなきっかけをくださったのが建築家の先輩たちである。元安藤事務所出身であった岩田恵さんから奈良の建築家で建築家協会の先輩、山下喜明さんをご紹介いただき、この東大寺開催の大きなご助力をいただくこととなった。そのことがきっかけとなり地元の多くの方など、奈良に関わる多くの先輩・設計者から、開催への実現を示唆する知識をいただいた。また昨年のように、地元高校生たちとの取り組みを通じて、文化財（建築物）や国宝が多く保有させる地域である以上、彼らが将来造営を継いでいってほしいと、2016年に明日香村で開催した際に導きをくれた、田中教育長より、奈良県の吉田教育長へ継いでくださった。「県の教育委員会が抱える県内、地元で建築を学ぶ高校生たちにとっては、彼らが憧れ尊敬するのは、社会で活躍す

2018年10月18日　奈良県・荒井知事と面会

2018年11月20日　奈良市・仲川市長と面会

2018年12月2日　計画候補地（二月堂）

る建築家よりも全国で建築を学ぶ、大学生である」とのお言葉により、地元高校生との連携や県内の校長会でアナウンスをさせていただく機会など、全てが進み始めることになる。その時に担当として支えてくれたのが、教育委員会の宮久保さんの存在は大きかった。また奈良市観光課の駒田さんが大変なご尽力をくださり、仲川市長は、こういった取り組みには応援しますよ、と優しい笑顔で、快く共催を引き受けてくださった。また幾度となく、この開催へのご教示をくださった東大寺の森本庶務執事には、実はこの頃まで、大変厳しいご指導をいただいていると感じていたのだが、開催当年となる本年、意図がはっきりと認識でき、そのお優しさを知ることとなった。そして本年、1月末より国内でも広まりはじめた新型コロナウイルスの発生により、開催地の東大寺様、共催の奈良県、奈良市と2月末より連携を開始し、本開催の有無について協議を重ねた。関係者や地元奈良の皆さま、そして予ねてから本開催のファシリテーターの役割を担う先生方に意見を伺いながら、日を追うごとに事態の状況が変化していくこの事態に、流動的なご対応をさせていただくことを前提に、本開催は拡散防止対策を実行した上で予定通りに実施させていただく準備を整えていった。しかしである。4月7日に「緊急事態宣言」が発令されたのである。一旦、宣言の効力は5月6日までとされ、政府により「感染拡大の状況などから緊急事態宣言の措置を実施する必要がなくなった時は速やかに宣言を解除する方針」と示されたのだが、その後『5月31日まで「宣言」延長』の要請が政府より全国に向けて発表されたことで、開催の延期を決めた。理由は、参加学生が所属する全国の多くの大学の始業が、5月7日よりリモートによる授業となったり、夏休み期間が、9月へ延期される大学が多くなったためだった。全ての大学のカリキュラムの足並みが揃わないものの、主な合宿期間を9月中旬に延期したことから、開始より終了までの期間を、約3週間の延期開催としたのである。開催地・奈良県の新型コロナウイルスの感染状況に注視し、宣言の当初の効力期限5月6日以降に本開催の開催検討を繰り返すこととなったのであるが、この延期開催への導きは当然、誰が決められるものではなかったし、幾度も腰原さんや長田さんが東大寺へ通い、関係者一同と協議を重ねてくれたことが心強かった。そしてやはり東大寺の皆さまが、いつでも前向きな発言をしてくださり、メールでも幾度も励みをくださる橋村執事長は、感謝をしても仕切れない程の、お導きをくださった。本当にどんな情勢でもお優しいのである。つまりその度に、ご自身のことのようにご配慮くださり、東大寺にまでつないできた次世を担う建築界の取り組みを、今年失くすことのないようにと、一緒になり思慮を重ねてくださったことに敬服させられた。

　2000年度から連なる、建築を学ぶ大学生を対象とした合宿による建築学生ワークショップは、当時、和歌山大学で教鞭を執られていた本多先生をはじめ、大阪市立大学の横山先生ら講師陣による指導のもと開催され、今年で開催21年目を迎えた。2010年に当番をはじめた僕は、奈良・平城宮跡での開催を機に、従来の建築家主導のワークショップから大きく運営体制を変え、建築や芸術、デザインを学ぶ学生が主体のサークル活動のようなNPOを立ち上げ、企画を進めていった。大人が準備した枠組みの中で、与えられることが当たり前になってしまい、学生がもつ能力が十分に発揮されないままサービスを受けるのが習慣となり貴重な学生時代を終えてしまうのではなく、学生が自ら発想し自らが行動し、失敗を恐れずに挑戦していくことで、その軌跡を見守る講評者が学生の持つポテンシャルに気づき、素質に合わせ発想を伸ばしていくようなワークショップにしていきたいと考えていた。この当番をした僕は当初より、この学外体験型のワークショップを開催する意図として、二つの目的をもっていた。一つは、僕たちのように建築学科で学んだ学生は、学部時代の設計課題で図面や模型をつくり、幾度も仮想の建築の提案に先生たちから講評を受けるのだが、自分たちが提案した建築の空間体験をしないで卒業していく。そのため小さくても原寸でつくる経験とその空間の体験をさせてあげたいということ。もう一つは、大学や大学院を卒業して就職し、国交省や文化庁など官僚としての役割や、設計者や施工者、デベロッパーになっても、なかなかつくれない聖地のような場所で、その環境を体験し調査の下、自身の提案をつくりあげることを、学生という限られた貴重な時期に経験させたいと思っていたこと。素晴らしい場所で良い体験をすると、地域や環境そして建築に興味を持ち始めるものだ。この経験を繰り返し、幾度となく建築に感動することで、建築を信じてくれるようになるはずだ。そして、

2019 年 4 月 24 日　大仏殿小屋裏へ　　　　2019 年 8 月 20 日　大仏殿北側・橋村執事長案内　　　2020 年 2 月 18 日　森本庶務執事・腰原先生と
　　公開プレゼンテーション会場にて

　全国から集まった同世代の学生たちが、短い期間ではあるが生活を共にする合宿経験から絆を結んだ同志となり、また、この開催地を第二の
故郷のように思い、長い人生の中で失敗や挫折のような壁にあたったときにその地を訪れ、関わってくださった多くの関係者を訪ね、また今
後の人生において苦境を乗り越える場所として、大切な想いを抱いてほしい。僕もそうしてきたし、今回の開催はひとつの成果であるように
思っている。本当に各開催地の素晴らしい多くの方々のご助力に恵まれ、このワークショップは現在も継続することができ、今回で 8 度目
の開催を無事に終了した。

　この企画を進めていく過程においては、奈良を中心とした地元の建築技術者をアドバイザーとして奈良県建築士会の米村会長がお誘いくだ
さり、学生らの提案の実現を大きく支えていただくことになった。一般の建築は完成後に使用することを目的につくられるのだが、学生らは
現代に受け継がれた神聖で静粛な地域に滞在しながらリサーチを重ね、歴史的な場所性を読み小さな建築を実現する。この情勢から、宿の合
宿人数を制限し選抜された約 30 名の学生らは 8 班に分かれ、環境と建築のプロセスを東大寺より実学として学び、1 日だけその提案した空
間を参拝者にも体験いただく。つまり、実現した建築の構造を含めた素材は、奈良や吉野を中心とした地元の古典・伝統建築の知識をもつ技
術者の皆様のご協力により、自然素材を中心に調達していく。現地の石を借り、再利用可能な自然のリサイクル材を使用する。そして設置後
分解し素材ごとに分類し、できるだけ自然へ戻すことのできるような建築の構成により、ゴミを出さないように努めながら、8 つの小さな建
築を実現したのである。この一連の取り組みを応援してくださる中心には、いつも地元、全国の技術者の方たちの厚意があるのだ。そして境
内の設置場所の運搬や撤去に至る経路を確保し、その仮設計画にも実際に協力をいただけた造営を担う清水建設の皆さまに、感謝を申し上げ
る。そして運営・参加学生をはじめ、この取り組みのため奈良へ来られる講評者の先生たちや学生の移動に不便を掛けないようにと、近鉄電
車の小林部長が交通のご支援をくださった。この情勢において開催ができた起源は、やはり大仏殿の建立経緯にあった。今から 1285 年前、
奈良時代（735 ～ 37 年）に九州に発生した天平の疫病（天然痘）が全国に広がり、首都である平城京でも多くの感染者が出て、当時の日本
の総人口の約 30% にあたる 100 ～ 150 万人が死去されたと伝えられている。当時の聖武天皇の、「動植咸く栄えんことを欲す」という詔の
言葉にあるように、人間だけでなく動物や植物も共に栄えることを願い、仏教の理想の世界を人々に浸透させようと、盧舎那仏（大仏殿）の
建立を願った。これは天皇が一方的に与えた行事のではなく、人々の平和への願いの集大成としての大仏とするために、当時の日本人口の約
半数に当たる人々が、労力奉仕や私財を捧げて建立された。現在の東大寺も東大寺以外の多くの方々と共に行う主催行事が幾つかあり、縮小
するにせよ延期するにせよ、先の目途が無いだけに、多くの困難を強いられていた状況下。本開催の参加学生や関係をくださる多くの人々と
の関わりの中で動いていることを思うと、色々な選択を迫られることになるような気がしていた。でもここで橋村執事長が仰ったのは、「と
はいえ、このような取り組みと一つ一つの応対から、これまで気が付いていなかったり、人間が忘れていたりしたことを次々と教えてくれま
す。」という、貴重なお言葉であった。

　建築界の後進を実学で育むこの事業に、支援をくださろうとするご関係者のお仕事やご家族におかれても、多くの影響を受けられていた。
今もそうである。でも、感染者の拡大の推移と、社会状況の変化に流動的な応対し、そして「適切」な行動をしながら、本年度で卒業する学
生らのために、貴重な体験の場を設けていきたいと思った。適切な感染予防拡散防止対策をしながら、快く本当に親切にアドバイスとご尽力
をくださった皆さまへ深く御礼を申し上げる次第である。提案作品講評会の中では、それぞれの先生方の専門分野に関連した内容を中心に、
歴史、環境、構造、そしてコンセプト等、さまざまな専門者としての観点からご講評をいただくことができた。兵庫県立美術館の蓑館長からは、
生活文化と共に建築が存在してきた意図、東大寺の歴史から大仏殿の成り立ちを、丁寧にご指導いただいた。また今回の事態により、開催が

Architectural Workshop TODAIJI 2020

この情勢の先にある
「時代の輝き」に希望を重ねて

国内初のプリツカー賞授賞式の聖地に於いて　建築学生ワークショップ東大寺

新型コロナウイルス影響による対策の為
延期（当初の予定より3週間）

全国の大学生たちが小さな建築を、東大寺境内周辺に 8 体実現します。

東大寺は、奈良時代には「六宗兼学」、平安時代を経て「八宗兼学」といわれた学問寺。わが国で伝えられてきた「学問の原初の聖地」です。さらには奈良時代以来の建築物を数多く伝えるとともに、平成元年、国内初の「プリツカー賞授賞式」が行われた建築の聖地でもあります。開催から約30年を経て、東大寺大仏殿にて建築学生ワークショップを開催します。

公開プレゼンテーション　**9.20** [日]　建築学生ワークショップ東大寺
計画地：東大寺境内　会場：東大寺大仏殿北側　奈良市雑司町 406-1
建築学生ワークショップ東大寺 2020　公開プレゼンテーション観覧者募集｜2020 年 9 月 20 日（日）09:20-18:00｜東大寺大仏殿
交通：近鉄奈良線「奈良駅」より徒歩約 20 分｜参加費：無料｜申込：要｜https://ws.aaf.ac｜定員：300 名（事前申込制）

付録：プロセス（実施制作に向けた経緯）

建築学生ワークショップ東大寺 2020　公開プレゼンテーション

　今春に全国から公募にて募りました、建築や芸術、環境デザインを学ぶ国内外の参加学生ら約６０名が、合宿（期間：９月１５日から９月２１日）にて東大寺周辺に滞在し、古代からの歴史文脈に基づいた小さな建築を８体、９月２０日（日）東大寺周辺区域に実現します。

　また９月２０日（日）１０時より、東大寺大仏殿にて開催される公開プレゼンテーションでは、参加学生たちの提案意図や制作の創意工夫を発表し、国内外で活躍する建築家をはじめとした全国の大学で教鞭を執られる先生らと技術者による講評会を開催します。

　大学や専攻、年齢も異なり次世代を担う参加学生たちが、歴史的に貴重な日本の聖地の環境に触発され、７月より現地のリサーチを重ねた経験に基づき、合宿での地域滞在型制作ワークショップにより、柔軟な発想で制作した作品と発表を行うとともに、厳しくも温かい講評者の貴重なコメントを合わせてお聴きください。

　古の教えに学びながら提案し、豊かな発想力のもと実現した小さな建築空間に存在する、新たな価値の発見に迫ります。

特定非営利活動法人アートアンドアーキテクトフェスタ

東大寺 大仏殿本殿　　　　　　　　　　　　　　南大門（鎌倉時代）

建築学生ワークショップとは？

　建築ワークショップとは、建築や環境デザイン等の分野を専攻する学生がキャンパスを離れ、国内外にて活躍中の建築家を中心とした講師陣の指導のもと、その場所における場所性に根づいた実作品をつくりあげることを目的としてきました。２００１年度から始まったこのワークショップは過去に山添村（奈良県）・天川村（奈良県）・丹後半島（京都府）・沖島（滋賀県）などの関西近郊の各地で行われ、それぞれの過疎化した地域を対象に提案し、市や街、村の支援を得ながら、有意義な成果を残してきました。

　第１０回目の開催となった２０１０年度より、新たに今までの取り組み方の志向を変え、一般社会にも投げかけてゆけるような地元の方たちと共同開催での参加型の取り組みとなっていくことを目指し、「平城遷都１３００年祭」の事業として、世界文化遺産（考古遺跡としては日本初）にも指定されている奈良・平城宮跡で開催しました。続く２０１１年度は滋賀・琵琶湖に浮かぶ「神の棲む島」竹生島（名勝史跡）にて、宝厳寺と都久夫須麻神社と共に開催。無人島とされている聖地に、地元周辺の方たちと汽船で通う取り組みを行いました。

　２０１５年は、開創法会１２００年となる１００年に１度の年に、高野山・金剛峯寺（世界文化遺産）との取り組みから、境内をはじめ周辺地区での開催をし、２０１６年には、昭和５８年１１月７日に聖地・キトラ古墳で、ファイバースコープによって北壁の玄武図が発見されてから３０年を経て、公開される直前のキトラ古墳と国営飛鳥歴史公園の開演プレイベントとして、キトラ古墳の麓に小さな建築を８体実現。２０１７年には、国宝根本中堂「平成の大改修」始まりの年に、「古都京都の文化財」の一環としてユネスコの世界遺産に登録された、京都市と大津市にまたがる天台宗総本山・比叡山延暦寺にて開催。そして２０１８年には、天皇陛下が生前退位をされる平成３０年、「満了する平成最後の年に」伊勢にて開催。２０１９年は、「平成の大遷宮」遂行の年に、出雲大社にて開催いたしました。そして２０２０年は、平成元年国内初の「プリツカー賞授賞式」が行われた建築の聖地に於いて、開催から約３０年を経て、東大寺大仏殿にて開催いたします。

　このような日本における貴重で特殊な聖地における環境において、地元の建築士や施工者、大工や技師、職人の方々に古典的な工法を伝えていただきながら、日本を代表する建築エンジニアリング企業・日本を代表する組織設計事務所の方々や多くの施工会社の皆様、そして建築エンジニアリング企業の方たちによる技術者合宿指導により実制作を行い、地元・地域の多くの方たちによる協力のもと、原寸の空間体験ができる小さな建築物の実現と、一般者を招いた公開プレゼンテーションを行う等、これまでにない新たな試みを実施する『全国の大学生を中心とした合宿による地域滞在型の建築ワークショップ』です。

2010 奈良・平城宮跡　　2011 滋賀・竹生島　　2015 和歌山・高野山　　2016 奈良・明日香村　　2017 滋賀・比叡山　　2018 三重・伊勢神宮　　2019 島根・出雲大社

大仏殿と中門

公開プレゼンテーションの開催にあたって

アートアンドアーキテクトフェスタ　AAF｜建築学生ワークショップ 運営スタッフ

9月20日（日）：全国の大学生たちが小さな建築を、東大寺境内に8体実現。

　2020年夏、古代より現代に受け継がれてきた、わが国を代表する神聖な場所、東大寺周辺区域にて、小さな建築空間を実現する建築学生ワークショップを開催します。東大寺は、奈良時代には「六宗兼学」、平安時代を経て「八宗兼学」といわれた学問寺。わが国で伝えられてきた「学問の原初の聖地」ともいうべき貴重な歴史環境を現代にも残しています。この清らかで伝統的な場であるとともに日本初のプリツカー賞授賞式開催の聖地において、授賞式から30年ぶりの2020年、「建築学生ワークショップ」を開催いたします。

　「神聖な場所を受け継ぐワークショップ」として開催するこの取り組みは2001年から始まり、過去に山添村（奈良県）・天川村（奈良県）・丹後半島（京都府）・沖島（滋賀県）などの関西近郊の各地で行われ、それぞれの過疎化した地域を対象に関西の学生らが提案し、開催地の支援を得ながら、有意義な成果を残してきました。2010年からは、新たに今までの取り組みの志向を変え、開催地の方たちと広く、一般社会にも投げかけてゆけるように、共同での開催となることを目指し、平城宮跡や竹生島、高野山金剛峰寺や明日香村キトラ古墳、比叡山延暦寺など、日本の "聖地" とよばれる場所を開催地としています。公募により全国から集まった参加学生たちが、これらの特有な場所がもつ神秘的な力に対してどのようにリサーチし、真剣に考え向き合うのかを検討し、空間体験のできる規模（原寸大の建築）を制作し、建築のプロセス全体を体験する機会として開催してきました。

　本開催は、公募した参加学生たちを6月に選定し、8つの班に分かれて、7月4日（土）に全国から奈良に集まり、現地調査を開始します。東大寺の仏様をおまつりする既存空間に心を寄せ、開催テーマとしての位置づけにもあるこの場所が持つ特有の力や意味を身体で感じ、その中から各々の班で発想の原点を見出していきます。さらに周辺地域の街歩きを繰り返し、いま現代に生き、東大寺で学んでいることへの意味をみずから問うていきます。

2018年7月31日（火）東大寺 大工小屋視察

2019年4月24日（水）座談会

2019年8月20日（火）提案作品講評会 会場視察

2019年12月3日（火）奈良県教育委員会 吉田教育長訪問

2020年4月14日（火）新型コロナ対策会議

2020年4月21日（火）大仏殿 正式参拝

AAF 運営スタッフ
宮本 勇哉（神戸芸術工科大学 3 年）　　山本 康揮　（大阪工業大学 4 年）　　久保 瑞季（武庫川女子大学 4 年）
池田 怜　（武庫川女子大学 4 年）　　原之園 健作（大阪市立大学 修士 2 年）　貢 駿登　（大阪工業大学 3 年）
戎崎 大輝（神戸芸術工科大学 2 年）　　奥西 真夢　（京都府立大学 2 年）　　森本 将裕（京都建築大学校 2 年）

　具体的に各班に分かれ考えはじめた学生たちは、初対面となる参加学生たちとのグループワークに戸惑い、人によって場所の読み取り方や価値の感じ方に違いがあることを知り、このワークショップで実現する建築の原点となるコンセプトの決定に頭を悩ませます。当然、それぞれ異なるバックグラウンドで学び、学部 1 年生から修士 2 年生という様々な学年の学生が集まるため、班内での話し合いすら難航する場面も多く見られます。工学部における通常の建築学科で課される設計課題は、実際の敷地に仮想の建築物を設計する課題であることが多いのですが、この取り組みのような実際の場所に対し、自分たちで考え出したものを自分たちで施工する過程の体験をしたり、場所の所有者や利用者と直接話したりする経験はそう簡単には得られないから当然です。実際に小さな建築空間が実現するまで、スケッチや図面、模型だけでなく、多くの人のアドバイスや協力が不可欠であることを学び、様々な苦労を担いながら互いに協力し合うことだけが、完成に導くことを知る機会となります。建築を学ぶ学生たちが神々をおまつりする既存空間に対し心を寄せ、新たに建築空間の力を備えて「実際につくる」という取り組みは、これまでにない貴重な試みです。参加した学生たちに、将来どのような影響と意義をもたらすのか、非常に楽しみです。

　8 月 22 日（土）の提案作品講評会では、国内外にて活躍をされる建築家の先生方を中心とした講評者の指導のもと、日本における貴重で特殊な環境における場所性に根づいた実作品をつくりあげる意味を問い正され、8 月 23 日（日）の実施制作の打合せでは、地元の建築士や施工者、大工や技師、職人の方々に伝統的な工法を伝えていただく機会を得ながら、日本を代表する組織設計事務所の方々や多くのゼネコンに所属される技術者の皆様による実技指導をいただきます。若者として今後の可能性をもつであろう参加学生たちにとって、建築の考え方の基礎となる「思考の構造」となり得る経験になり始めます。さらに、そのような貴重な経験を通して得た同世代の仲間たちは、彼ら参加学生たちが今後の学生生活をおくり、今後、建築の活動を続けていく上で、お互いに刺激し合い、高め合っていける「生涯続く仲間」になっていくのでしょう。

　9 月 20 日（日）、この参加学生たちが制作した小さな建築が 8 体、東大寺周辺区域に実現します。当日は、これらのプロセスを経て創出した建築空間を 1 日だけ、どなたでも体験していただけます。そして、建築・美術両分野を代表する評論家をはじめ、第一線で活躍をされている建築家や美術家の方々、世界の建築構造研究を担い教鞭を執られているストラクチャー・エンジニアによる講評者にお集まりいただき、公開プレゼンテーションを開催いたします。
　開催には、東大寺をはじめとした奈良県周辺の多くの方たちや、これまでの開催地の関係者の皆さま、そして全国から集まる建築に関わる関係者や一般参加者に向けた発表を行います。

　建築のプロセスに胸を躍らせる 3 ヶ月。参加学生たちが気の遠くなるような歴史をもつ東大寺の伝統を学び、この文化に位置づけた解釈を生み、この地に存在し続ける建築様式に連なり、訪れた人たちの心を落ち着かせ、祈りを捧げるような空間体験と提案の発表に、どうぞご期待ください。

２０２０年７月１日

AAF 運営スタッフ　一同（第 6 期−第 11 期）

開催中止のお知らせ （2020 年 4 月 13 日（月）発表）
２０２０年５月７日（木）　基調講演：五十嵐太郎　建築史家・批評家
東京大学 弥生講堂アネックス【建築学生ワークショップ東大寺 2020 開催記念説明会・講演会】

　当開催をご予定くださいました皆さまには、大変申し訳ありません。

　そして本開催を継続的にご支援くださいますご関係者の皆さまには、深くお詫びを申し上げます。

　１月末より国内でも大きく広まりはじめた新型コロナウィルスの発生により、開催地の東大寺様、共催の奈良県、奈良市様と２月末よ
り連携し本開催への協議を重ねてまいりました。関係者の皆さまや地元・奈良の皆さま、そして予てから本開催のファシリテーターの
役割を担う先生方にもご意見を伺いながら、日を追うごとに事態の状況が変化していくこの事態に、流動的なご対応をさせていただくこ
とを前提に、本記念説明会講演会は拡散防止対策を実行いたしました上で実施させていただく準備を整えてまいりました。

　しかしながら先週４月７日（火）夕刻、首相より７都府県を対象に、法律に基づく「緊急事態宣言」の発表の翌日より、全国民の様子が
一変しはじめました。対象の７都府県においては外出自粛の要請への応対が進み対象地域以外でも、この要請への協力が進みはじめました。

　皆さまの生活にも多大な影響を受けられた宣言の効力は５月６日までとされ、首相が、「感染拡大の状況などから緊急事態宣言の措置
を実施する必要がなくなった時は速やかに宣言を解除する方針」と示されたことから、５月６日以降に予定をしています開催につきまし
ては、感染者数の変異などを含め、事態の状況がこの後も変化していくことに応対しながら、流動的な判断をさせていただく所存でござ
いましたところ、「開催記念説明会・講演会（東京）」会場の東京大学の発表により、キャンパス内への第三者の立ち入りが禁止されるこ
ととなりました。

　この状況の変化により各所と相談を重ね、当説明会にご参加いただくご予定をくださいました皆さま方への感染被害を与える恐れがあ
りますことと、感染被害を受けられました方々が、ご家族やご関係者へさらに感染を広げてしまうことを懸念し、開催の中止とさせてい
ただきたいと存じます。

　開催に向け多くのご関係者さまのご厚意を深く感じておりましただけに、残念で仕方がありません。そして最後までこのような貴重な
機会の事前開催を期待したあまりに、直前のお知らせとなりましたことを、お許しください。深くお詫び申し上げます。

（今後について）

　現在、夏に向けた本開催への「参加申込」につきましては、この状況におきましても多くの参加申込をいただいております。多くの学
生の皆さまの始業時期が延期されましたことに合わせ、本年の予定につきましては、開催・期間の延期（案）についても協議を進めてお
りますが、緊急事態宣言の期間（５月６日）が終了し、政府・協力要請解除の発表がなされた時点で、予定通りの開催ができますよう、
準備を整えております。

　本開催の説明会へ出席を予定されておられました参加学生・運営学生の皆さまには、誠に恐縮でございますが、これまで参加されまし
た先輩のお話や書籍・ウェブによる内容をご参考に、当開催ウェブ・サイトより参加申込みをいただけますようお願い申し上げます。

　ご関係者の皆さまには多大なご不便とご迷惑をお掛けいたしますが、何卒ご理解を賜り、引き続きのご期待、応援・ご協力をいただき
ますようお願い申し上げます。

※現在のところ、京都大学（5/14・木）での説明会は開催予定です。

開催中止のお知らせ　（2020 年 5 月 4 日（木）発表）
２０２０年 5 月 14 日（木）　基調講演：倉方俊輔　建築史家
京都大学 百周年時計台記念館 国際交流ホールⅢ【建築学生ワークショップ東大寺 2020 開催記念説明会・講演会】

　当開催をご予定くださいました皆さまには、大変申し訳ありません。

　そして本開催を継続的にご支援くださいますご関係者の皆さまには、深くお詫びを申し上げます。

　1 月末より国内でも大きく広まりはじめた新型コロナウィルスの発生により、開催地の東大寺様、共催の奈良県、奈良市様と 2 月末より連携し本開催への協議を重ねてまいりました。関係者の皆さまや地元・奈良の皆さま、そして予てからの本開催のファシリテーターの役割を担う先生方にもご意見を伺いながら、日を追うごとに事態の状況が変化していくこの事態に、流動的なご対応をさせていただくことを前提に、本記念説明会講演会は拡散防止対策を実行いたしました上で実施させていただく準備を整えてまいりました。

　4 月 7 日に発令されました緊急事態宣言より開催地京都府の新型コロナウイルスの感染状況に注視し、宣言の効力期限 5 月 6 日以降であります本開催の開演検討を繰り返してきました。そして皆さまの生活にも多大な影響を受けられた宣言の効力は 5 月 6 日までとされ、首相が、「感染拡大の状況などから緊急事態宣言の措置を実施する必要がなくなった時は速やかに宣言を解除する方針」と示されたことから、5 月 6 日以降に予定をしています開催につきましては、感染者数の変異などを含め、事態の状況がこの後も変化していくことに応対しながら、流動的な判断をさせていただく準備を整えていましたところ、本日、『5 月 31 日まで「宣言」延長』の要請が政府より全国に向けて発表されましたことから、このたびの開催を中止といたします。

　開催に向け多くのご関係者さまのご厚意を深く感じておりましただけに、残念で仕方がありません。そして最後までこのような貴重な機会の事前開催を期待したあまり、直前のお知らせとなりましたことをどうかお許しください。深くお詫び申し上げます

（今後について）

　現在、夏に向けた本開催への「参加申込」につきましては、この状況におきましても多くの参加申込をいただいております。多くの学生の皆さまの始業時期が延期されましたことに合わせ、本年の予定につきましては、開催・期間の延期（案）についても協議を進めておりましたが、本日、「宣言の延長」が 5 月 31 日までに伸びましたことから、この期限後の翌月（6 月）に開催できる状況にまで回復できないと判断し、約 3 週間後の延期開催を発表いたします。（詳しい日程は、本ウェブページ：TOP をご参照ください。）開催地「奈良県」は、特定警戒都道府県以外でありますことから、対策と社会活動を両立しながら本年の延期開催ができますよう、準備を整えております。

　本開催の説明会へ出席を予定されておられました参加学生・運営学生、関係者の皆さまには、誠に恐縮でございますが、これまでの開催に参加されました先輩や学校関係者、書籍・ウェブによる内容をご参考に、当開催ウェブ・サイトより参加申込みをいただけますよう重ねて、お願い申し上げます。

　ご関係者の皆さまには多大なご不便とご迷惑をお掛けいたしますが、何卒ご理解を賜り、引き続きのご期待、応援・ご協力をいただきますようお願い申し上げます。

_____

　最後になりましたが、一日も早くこの事態が収束し、皆様の日常の平穏な生活が取り戻されることをお祈りいたしております。

建築学生ワークショップ東大寺 2020 運営委員会

特定非営利活動法人（NPO 法人）アートアンドアーキテクトフェスタ　Art & Architect Festa　www.aaf.ac　info@aaf.ac

東大寺全景

「東大寺本坊大広間」

7月4日（土）10：45～18：00

現地説明会・調査　　現地にて、各計画候補地の視察と調査を行い、課題テーマに対するコンセプトを発表しました。
　　はじめに主催者より、開催概要、経緯、開催地の説明を行い、開催テーマを発表しました。東大寺執事長 橋村様のご挨拶より始まり、奈良県農林部奈良の木ブランド課課長の三浦様にレクチャーをいただきました後、橋村執事長より実際に境内をご案内いただき、大仏殿をはじめとする広い境内にあるお堂の意味合いや、歴史・造詣デザイン、年間を通してのならわし・行事についてご教授いただき、各班の計画地を決定しました。後半では、現地で感じたことから、神聖な地において、何を表現し、伝えたいのか、そのための手段や方法を検討し、具体的な提案まで構想を進め、後半より駆けつけてくださいました、腰原先生、佐藤先生、長田先生、平沼先生をはじめとする、構造家、建築家の皆様より、ご講評をいただきました。

建築学生ワークショップ東大寺2020 集合写真

東大寺執事長・橋村様による開催のご挨拶

奈良県農林部奈良の木ブランド課課長・三浦様によるレクチュア

現地説明会の様子

大仏殿参拝

東大寺執事長・橋村様による、計画地のご説明①

東大寺執事長・橋村様による、計画地のご説明②

制作候補地の視察・調査

現地で感じたことから各班でテーマとコンセプトづくり①

現地で感じたことから各班でテーマとコンセプトづくり②

講評者の方々

各班で決定したコンセプトの発表・講評①

各班で決定したコンセプトの発表・講評②

東京会場　東京大学生産技術研究所　腰原研究室

7月18日（土）13：00〜17：00

各班エスキース 東京会場　参加講評者：佐藤淳先生　腰原幹雄先生　長田直之先生

各班の作品のクオリティを高める取り組みとして「各班エスキース」を開催いたしました。東京会場は東京大学・腰原研究室にて、腰原先生、佐藤先生、長田先生がご参加くださいました。会場間を skype で中継し、先生方より各班の提案作品に対し、大変貴重なご指導を賜りました。

東京会場参加メンバー集合

東京会場の様子①

東京会場の様子②

東京会場の様子③

東京会場の様子④

東京会場の様子⑤

東京会場の様子⑥

東京会場の様子⑦

東京会場の様子⑧

東京会場の様子⑨

大阪会場　平沼孝啓建築研究所

7月18日（土）13：00〜17：00

各班エスキース 大阪会場　　参加講評者：芦澤竜一先生　陶器浩一先生　平沼孝啓先生　片岡慎策先生
各班の作品のクオリティを高める取り組みとして「各班エスキース」を開催いたしました。大阪会場は平沼孝啓建築研究所にて、芦澤先生、陶器先生、片岡先生、平沼先生がご参加くださいました。会場間を skype で中継し、先生方より各班の提案作品に対し、大変貴重なご指導を賜りました。

大阪会場参加メンバー集合

大阪会場の様子①

大阪会場の様子②

大阪会場の様子③

大阪会場の様子④

大阪会場の様子⑤

大阪会場の様子⑥

大阪会場の様子⑦

大阪会場の様子⑧

大阪会場の様子⑨

東大寺 総合文化センター 金鐘ホール（大ホール）
8月22日（土）12：30〜17：30

提案作品講評会　　1泊2日にて「提案作品講評会」と「実施制作打合せ」による具体的な施工方法の検討会を開催しました。

1日目には、各班より提案作品の発表を行い、技術者合宿指導の中心を担われる施工者代表者、そして、日本を代表される多くのプロフェッサー・アーキテクトや、ストラクチャー・エンジニアによる講評会を実施しました。東大寺庶務執事の森本様にミニレクチャーも行っていただきました。

開催の様子

提案作品講評会・開催概要説明

東大寺 庶務執事 森本様によるミニレクチュア

奈良県教育委員会事務局　宮久保様よりご挨拶

提案作品のプレゼンテーションの様子①

提案作品のプレゼンテーションの様子②

講評の様子

各班長へ質疑応答

講評者様・アドバイザー様への計画地のご説明（森本様）

講評者様・アドバイザー様　大仏殿参拝

東大寺 総合文化センター 小ホール

8月23日（日）09：00〜17：30

実施制作打合せ　2日目には、各班の設計趣旨と、前日の講評結果を受け、関西を中心とした建築士の皆さんや施工管理技師の方々、地元の大工さんや技術者の方々、そして地元の職人の方々にも古典的な工法を伝えていただきながら日本を代表する組織設計事務所や施工会社より技術指導をいただくため、多くの技術者をアドバイザーに迎え、各班の制作準備となる素材決定や加工方法、実制作の準備や発注、試作から完成に向けた具体的な施工方法の検討会を実施しました。制作場所となる東大寺大工小屋も視察させていただきました。

参加学生とアドバイザーの方々との集合写真

東大寺 大工小屋 視察

1班班長発表の様子

2班への制作アドバイス

3班への制作アドバイス

4班への制作アドバイス

5班への制作アドバイス

6班への制作アドバイス

7班への制作アドバイス

8班班長発表の様子

★ 転害門

正倉院

西宝庫

東宝庫

大仏池
(二ツ池)

⑥班

講堂跡

食堂跡礎・

中御門跡

華厳寮

東大寺学園幼稚園

指図堂

子安神社

★ 大仏殿(金堂)

水子地蔵

大湯屋

勧進所

勧進所

猫段

俊乗堂

行基堂

八幡殿

阿弥陀堂

辛国社

⑧班

鐘楼(大鐘)

千手堂

戒壇院

公慶堂

★ 八角灯籠

西廻廊

手水屋

東廻廊

念

戒壇堂

勧進所経庫

★ 西楽門

⑦班

②班

廻廊

東楽門

相輪

東大寺西大門
駐車場

★ 中門

アショカピラー

東塔跡

西大門跡

警備詰所

鏡池

西塔跡

五百立山

勧学院

東大寺寺務所(旧東南院)

吉城川

真言院

本坊経庫

文化センター

④班

東大寺総合

東大寺福祉療育病院

⑤班

天皇殿

依水園

吉城園

氷室神社

東大寺門前
夢風ひろば

★ 南大門

氷室神社・
国立博物館

大仏殿

東大寺大仏殿

1 班 浄	二月堂湯屋前	[W 3,000] × [D 3,000] × [H Air]
2 班 対峙	大仏殿庭（東）	[W 3,000] × [D 3,000] × [H Air]
3 班 灯	二月堂（西）	[W 3,000] × [D 3,000] × [H Air]
4 班 臨むモノ	南大門（北西）	[W 3,000] × [D 3,000] × [H Air]
5 班 KURA	本坊経庫（南）	[W 3,000] × [D 3,000] × [H Air]
6 班 繋 ー植物か建築かー	講堂跡	[W 3,000] × [D 3,000] × [H Air]
7 班 縁	大仏殿庭（西）	[W 3,000] × [D 3,000] × [H Air]
8 班 ユレウゴクモノ	鐘楼（西）	[W 3,000] × [D 3,000] × [H Air]

発表

　私たちがフォリーを作成する計画地は「二月堂湯屋前」。この場所は三叉路になっており、東大寺大仏殿に繋がる裏参道、三月堂への動線、そして二月堂への登廊がある。二月堂で毎年3月に行われる「修二会」は、1269年間もの間、途絶えることなく連綿と継承されてきた。

　「二月堂湯屋前」は、その一連の行事の舞台として使われる動線の一部となっており、練行衆の方々がお松明とともに登廊を通って二月堂へと上堂する。修二会の準備空間として使われるこの場所では、ある時期には松明が壁面に立て掛けられて火が灯るのをじっと待っている。修二会の時には、それらが火を灯し集まって登廊をのぼり、二月堂の舞台を勢いよく駆け抜ける。この敷地に立った時、登廊への入り口からとても力強い引力と斥力を同時に感じた。吸い込まれそうな、しかし軽々とは立ち入れないような空気が漂っていた。冬の夜に松明に火を灯し、二月堂の舞台を駆け抜ける「修二会」の面影のようなものが、この登廊にはあったのかも知れない。初めて敷地見学に行った7月の梅雨の景色にさえ滲み出すほどに、1250年以上の時間と空間、そして奈良の人々の祈りが、積み重なり継承されてきた歴史の重みを感じられたのかも知れない。そのような修二会から連想される場所性から着想し、登廊への軸線に対して竹材を組み合わせて、間口1500mm、高さ3000mm、奥行き6000mmのトンネルのような動線空間をつくる。二月堂に向かって吹き上がる炎のような、力強く速度感のあるフォリーを目指す。外部空間からは、修二会を想わせる、立ち上る炎のような象徴性を。内部空間からは、登廊に漂う歴史的な引力と閾のジレンマを乗り越えていく勢いを。

1 班　浄

講評

吉村：アーチをまず作ってそれを連続させて地面のなりに沿わせていくという、全体として見るとぼやっと存在が淡く感じられるような面白い構造だと思います。しかし、ダボ接続というのはすごく精度を要求する接続方法ですので、まず精度を出すということ自体が難しいかもしれないということ。もう一点はそもそも、幾何的な整合性を求めているのか、もう少しぼやっとした存在みたいなものを目指しているのかによって、精度良くジョイントを作っていくことが、そんなに求められてないのではないかという疑問も抱きます。

越智：相欠きや材を切りかいて接合することを考えていましたが、スケールが約18mあるので材の数も多い。時間を考えるとダボの方が良いのではないかと現状は考えています。形については、もう少しこの密度は上げようと思っていたのですが、このスケールのものを構造的に成立しようとするとなかなか御しきれない部分があったというのが正直なところです。

吉村：設計上は幾何学を完全にフォローしても良いと思いますが、ジョイントが現場で暴れていくと、全体としてもう少し獣みたいなものになって面白さがあるような気はしますが、ダボだとそれをあまり許容できないから、ジョイント方法をもう少し緩く構えても良いんじゃないかという気がしました。

芦澤：構造の話と外観の話はあったのですが、中からどう見えるのかという説明がありませんでした。階段を降りて来た時のシークエンスを検討して形態を決めていくことも大事。建築というのは外の形態と中の空間というのがすごく大事なんです。どうしてこういう高さになったか登廊との関係を語った方が良いと思います。また湯屋との関係性は？

越智：フォリーの方向性に関しては、完全に二月堂に振っています。湯屋の前を入り口空間として確保しつつ、いかに上に進んでいく方向に力を向けられるか、加速させられるかということが狙いにあったので、そちらはあまり考えていなかったです。

芦澤：平面が直線ですが、もう少し広がりを持たせるとか、もう少し考えた方が良いのではないかと思いました。

藤本：足元は置いてあるだけ？これは風とかで飛んでいったりしないか確認されているんですか？

越智：確認はしていないです。風のことは考えていませんでした。

藤本：階段を駆け上がっていくような構造でそこにダイナミズムはあると思います。ですが階段にビスは打てない。実現して欲しいですが風で倒れるとまずいですよね。これは展示期間中も、観光客の方がここを通って上がって行って頂くのに安定していないと怖いですよね。

班長　越智 悠（大阪大学 修士2年）　　李 宗立（東京都立大学4年）
　　　三浦 凛（京都府立大学2年）　　　沼口 佳代（鹿児島大学2年）

越智：模型を作っている段階でも、足元がバタつくということはありました。今は真っ直ぐですが、少し足元を膨らましたような形などで少し面積を稼ぐか、角度を短い方の辺で立てながら安定させていくということを考えています。

藤本：あと浮いてしまいますよね。こういうパビリオン系は足元固定が必ず問題になりますが、そこはしっかりクリアしておきたいこと。そうでないと大事故になりかねない大型構造物ですからね。

櫻井：木の重量をどれくらいでみましたか？模型でもっても実物大でやると体積が出てくるので、倍率で言うと三乗くらいで効いてきます。考慮していないと変なところで壊れます。ダボで繋いでいるところの材が曲げで折れるかもしれない。構造計算をしましたか？風の話も、空気というのはすっと抜けてくれると思うでしょう？これだけ密になっていたら膜が張ったのと同じだけの風圧力を受ける可能性があります。空気というのは結構粘るものだと思って木の重圧面積だけではなく、広めに検討しておいた方が安全です。パッと見た感じだとずっこけそうな感じがします。

橋村：二月堂というところは昼だけではなく、深夜にもお参りされる方がおられます。登廊から上がる時にお参りの人が安全に通れるのか。また登廊というのは屋根のある石段で、それが煙突になって火災になった時に火がどんどん上へ燃え上がっていってしまいます。もし火が付いた時の周りとの関係が少し心配なところがあるので、何か工夫ができるのであればお願いできたらと思います。

遠藤：ダボの位置が何か所か端部に来ているから、これは絶対に割れます。端部は絶対重いので気を付けて工夫してください。

藤本：今回の敷地は東大寺様からのご厚意ですごく特別な、歴史的な建物のかなり近くに選定させて頂いています。最初の条件として、例えばあまりに隣接していたり、お参りの方の動線にかぶっていたりというのは現実的にはコンストラクションの間は閉鎖。それはNGじゃないですか。当然いらっしゃった方にケガがあったり、歴史的建造物にぶつかって破損があったりというのもNG。案のコンセプトとか技術的なこと以前にそこをしっかり考えてクリアするように条件付けるべきだと思います。

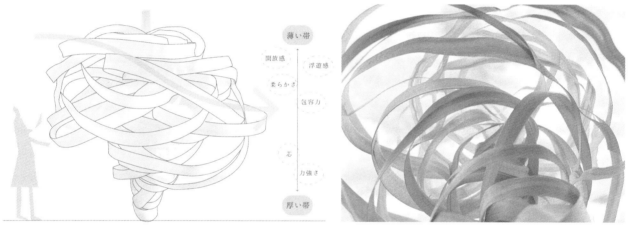

発表

　1285 年前、疫病による恐怖の中で平和を願って建立されたのが、盧舎那仏。私たちは大仏殿という圧倒的なスケールの中で、力強さや柔らかさ、包まれる感覚や無限に広がる感覚、安心や不安といった、様々な想いがせめぎ合った空間を体験した。これは COVID-19 をはじめ、奈良時代から幾度となく人々を襲った恐怖を包み込んできた盧舎那仏の大きな存在によってつくられた空間なのではないか。提案するフォリーは、このせめぎ合う感情を大仏殿の前にヒューマンスケールで体現し、各々がそれに対して何かを感じ、何かを想い、何かを考え、対峙していくような空間になることを目指す。

　奈良において木材は特別な素材だ。県土の 77% を森林が占めるこの地では、室町時代に日本で最初に植林が行われ、安土桃山時代には寺社仏閣の用材として、江戸時代には酒樽として需要が拡大するなど、古くから林業を生業とした生活が営まれてきた。私たちは奈良の風土を形作ってきた木材を使う点にこだわりを持っている。

　正面幅 57.5m、奥行き 50.5m、棟までの高さ 49.1m と、世界最大級の木造建築である大仏殿は、往時の壮大さを伺わせ、揺がない強さを持っている。それに対し、提案する 3m×3m の小さなフォリーは薄く加工した木材を湾曲させた柔らかい作りで、曲げ方や材厚の変化、その組み合わせにより、大仏殿の中で感じた力強さ、柔らかさ、包容力、開放感、安心、不安といった感覚を表現している。中に入った人たちが、先の見えない恐怖の中にも安心や希望を感じ、向かい合っていくきっかけとなる空間を提案する。

2班　対峙

講評

藤本：このフォリーはどのようにこの場所に固定されるのでしょうか？それと、ユニットでを組み合わせる際はどのように接合するのですか？風が吹いたら確実に転がりますよね。

岩田：自立して、敷地の芝生を傷つけないように意識して、ユニットごとの接合の部分も切り込みを入れ、局所局所でつなぎ、風で揺れるくらいの軽さを出したいと思っています。

藤本：この作品には一般の人は来ないけれど、学生や関係者は芝生に入ることを許されていて空間らしきものを体験する。対峙という言葉とこの作品のイメージが全く違う気がします。色々なモノを曖昧にしているようなモノの作り方ですよね。コントラストという意味では大仏殿や大仏様と敢えて違う物をぶつけている印象を受けます。吉野杉と対峙するということも、いまいちよく分からないです。この中を歩くんですよね？バキバキ歩くと転がることもそうですが、これ自体が壊れていくかもしれません。今の段階でどの程度テストしていますか？乗ってみたり、いくつか組み合わせてガシャガシャと歩いた時に大丈夫なのか、チェックしてほしいです。しかし根本的に対峙と言うと重い。言い方が悪いかもしれませんが、なんだかこの作品はフワフワしていて、あまり何も考えないで作っているような印象があるんです。

一同：大笑

藤本：その感じは、ありだと思います。ただ、対峙と言っておきながらフワーっと作られていると何だか変だと感じるんです。

橋村：これは柾目の、薄い板のようなものですよね。柾目は縦に目があるので、あのように組み込んだ時に、縦に裂けやすいこと。それからあそこは広い場所なので風の通り道があり、大丈夫なのかなということが気になりました。

岩田：柾目材をどう接合していくかということと転がらないかという問題もちゃんと考えてみます。既に接合部は少し裂けてきています。

一同：笑

遠藤：地元の材を使うという試みは非常にいいと思います。しかし、先端は模型やパースのように小さくは曲がらない。このままだとおそらく大きな両端になると思います。そういうイメージを意識して全体像を考えないといけません。繭のような形のイメージが、現実は樽みたいになると思います。その違いを修正した方がいい。案外表情や素材感としては形状は柔らかくてフワッとしていますが、寄せるとやはり硬いです。そういう意味では人の入り方を含めて、もう一工夫しないと、当初の形にはなりにくいですから違う可能性や形状もあり得ると思います。

岩田：製材店様に色々な材を試させていただいて、一番薄いのだと1mm まで作っていただいたので、それもうまく混ぜながらできる

班長　岩田 采子（東京理科大学 修士2年）
鈴木 正義（武蔵野美術大学 3年）　彦谷 俊太（京都工芸繊維大学 2年）

限りこのイメージに近づけていきたいと思っています。

横山：僕も対峙という意味がよく分からないです。午前中の森本さんの説明で大仏様は、聖武天皇が責めは余ひとりにあり、私だけが悪いんだ、だからこんな不安が起きているんだということで作られたというお話がありましたが、それってすごい気概ですよね。今、一人一人が責任を持って取り組んでいますか？なんだかふわっとしすぎていないですか？厳しさ、強さ、意欲、意志の強さみたいなものが全く感じられないままに大仏に対峙できますか？一度滝に打たれて修行したほうがいいんじゃないかな（笑）。

岩田：はい。行ってきます（笑）。

横山：心構えが足りないですよね。どうしてこの形なんですか？プロセスに厳しさや、強さがないことがものすごく気になります。ただ、使っている材料は面白いと思います。しかし、活用の仕方として、この形が気になります。先ほど藤本さんも仰っていましたが、一般の人たちは中に入れないのであなたたちが思っているような経験はできないということです。だとすれば誰に向けて作っているんでしょうか？コロナに向きあう、大仏に向き合うということがテーマならお参りに来る人たちのことも考えなければいけないと思いますが、その視点が抜けていますよね？中には入れないけれど、あの石畳から見て、すごいなと思うようなものを作って欲しいです。

陶器：この作品の良いところは、先ほど藤本さんが仰ったように、フワフワしていることだと思います。ですから、対峙なんて大袈裟なことを言わずに、場所を変えればすごくいい作品かなと思います（笑）。しかし、それをきれいに挽いた製材で作っているのが、気になっています。例えば鉋屑のようにふわっとしたもので、ふわっとしたものができればいいのではないかと思いました。やはり相引きすると絶対折れると思います。加えて、飛んでいかないかという心配も、打ち石みたいなものを借りて抑えないと現実的には安全ではないと思います。

吉村：僕も誰に向けて作っているのかということが一番気になります。離れて見ても意味がある形やサイズ、例えば大仏様の頭のサイズが 3.2m なので、例えば同じ 3.2m で作ると外から見ても比較の対象になるかもしれないと思います。

発表

　東大寺には「二月堂」と呼ばれる仏堂が存在する。ここの真下にある空き地が私たちの敷地である。この敷地は、石碑や石積壁に囲まれており、まるでステージのような特徴的な敷地である。また、この敷地は様々な高さから別視点で見ることができることも大きな特徴であり、下から見上げたり、二月堂に登り上から見下ろすこともできる。

　この二月堂では、「修二会」という、通称「お水取り」と呼ばれる伝統行事が毎年行われている。この修二会は、僧侶たちが、人々の犯した罪を懺悔し、罪過を悔い改めるとともに、天下泰平、五穀豊穣、万民豊楽を祈るという行事がある。この修二会は１２６９年ものあいだ、一度も途切れることなく受け継がれている。

　私たちは二月堂、そして東大寺と深いかかわりのある "炎" や、練行衆が本堂に上堂する時の足元の灯りとして用いられる "お松明" からヒントを得て作品のタイトルを "灯（ともしび）" とした。何百年もの間、脈々と受け継がれてきた '灯' がこれからも未来に長く続いていき、未来への道しるべとなることを願って名付けた。

　また私たちは二月堂について次のような２つのイメージを思い描いた。１つ目は、１２６９年もの間一度も途絶えることなく受け継がれてきた伝統行事の力強さや関わる人たちの思いや意地から感じた強さ。もう１つは、二月堂が兵火によってではなく、修二会の最中に火が燃え移って消失してしまった過去を持つことから感じた、常に焼失する危険と隣り合わせている修二会自体の危うさや不安定さである。この相反するイメージを具現化するべく、私たちは、「やじろべえ」を用いることで表現できないかと考えた。

3班　灯

講評

長田：今、中間段階でこの進み具合を見せられているというのはなかなか厳しいかなと思います。

会場：笑

長田：どうする？という感じが一番正直なところです。テンセグリティを使っているので、完成していると一番近道なのは最初の案ですが、これが果たして言っていることとかいろんなことに対して答えているのかと言われるとよく分からないですね。人は真ん中に入れるんですか？実際にはテンセグリティのワイヤーが張っていてかなり入りづらくならないですか？素直に入れるというよりは、テンセグリティを避けながら無理やり入らない限りは入れないという感じになってしまっていますよね。

小野：そこは密度を変えて入れるようにしたいと考えています。

陶器：確かに中間発表とはいえ3案出してどれが良いですか？というのはないのではないかと思います。いくら未熟でも、プレゼンテーションは堂々と自分たちがこれをやりたいというのを言ってくれれば何か受け止められるけど、それがないから何とも言えない。そもそものテーマは何ですか？一言でこういうものがしたいというのは何だったんですか？

小野：修二会が長い間続けられてきて、それにはいろんな人々が関わってきたと思っていて、その人々の想いをどんどん繋げていくフォリーを作っていこうと思いました。

陶器：想いを繋いでいくような、歴史を通じて思いを繋ぐようなもの、それがなぜテンセグリティになるんですか？そこをしっかり少なくともこの場で説明してもらわないといけないですよね。テンセグリティはもっと浮遊感があるというか、それぞれが浮いているようなものがあるんですけど、これはないからテンセグリティになってないですね。その前に、テンセグリティにこだわる前に、自分たちが何をしたいかですね。時代を繋ぐ輪を作るんだったらそれをどう形にするかということを考えた方が良いんじゃないでしょうか。

倉方：我々は建築の人間なので、例えば二月堂を見るとかっこいいと感じ、あそこの構造物がこういうものを支えているとか、あの場の中でそういう空間が生み出されているとか、そういうことに呼応して新しいものを作るべきだと思うんですよね。本当はテンセグリティみたいな構造を考える時に、二月堂のような斜面でしっかりとした構造に支えられていて、それが行いを支えているということや、新しいテンセグリティとブレンダーの構造で対峙するということだと分かるんです。だからコンセプトを建築的に立てる。建築で受け止めて建築で答える。それが一番一般の人にも響くやり方だと思います。あまりに一般のイメージの話から抜け出ていないので、本当に

灯　3班

班長　小野 倫太郎（明治大学3年）
　　　佐久間 実季（奈良女子大学3年）　中山 亘（九州大学2年）

建築学科の人間なんですか？という感じがします。

藤本：この場所は一般の方が歩いて良い場所なんですか？

小野：はい。大丈夫です。

藤本：想いを継いできたのを形とか空間で表現したとしても大体うまくいかないんですよ。想いを継ぐということはふわっとしているじゃないですか。もっと具体的に、あの場所で、何をどう見て、最後はその向こうにさらに何かを感じて欲しいのですが、1300年近くと言っているその言葉に実は全く1000年以上というものの重みが入っていないようにしか聞こえない。もう少し、あの場所にふさわしい何か、モノとして、あるいは体験としてふさわしい何かを立ち返った方が良いような気がしますね。全部忘れて、複雑なことをしなくて良いと思います。

平沼：そもそもなぜテンセグリティをやりたかったんですか？比叡山延暦寺でやった時の最優秀賞、8班の内田さんがやった時は、延暦寺に根本中堂というのがあって、それが平成の大改修が始まった年に、その仮設材の皮膜で根本中堂そのものとの乖離を材と材を接触させない技法の一つとしてテンセグリティ案を具体化した。そして伊勢神宮の時の6班の八尾さんは、五十鈴川にある石を重石代わりにしてその自重をテンセグリティ構造で材を引っ張っている。その下には五十鈴川にもともとあった石を吊っていて、五十鈴川の荒々しさをその場所で絶対に表すんだという最初のコンセプトがありました。抽象的なものに対して3案あるんですが決めてください、などとここへ持ってくるぐらいなら、きっぱりこの中間地点で0に戻して、テンセグリティなんかやらず、やり直して欲しいなあと思います。心配しなくて大丈夫です。今日の晩から頑張ればいいと思います。

藤本：しかも3人でやっていて3案だから、それぞれが考えたんだけど絞りきれませんでしたという話ですよね？結構最悪だなあと思っています。議論が全然足りていないということです。しかもこういう抽象的なふわっとした話しか出てこないから、建築的な議論とか場所の理解とか、この場所のここはすごく良かったよというところを全然共有できてないんじゃないかなという懸念が感じられます。その辺りも含めて立ち返り、もう一回考えて欲しいです。

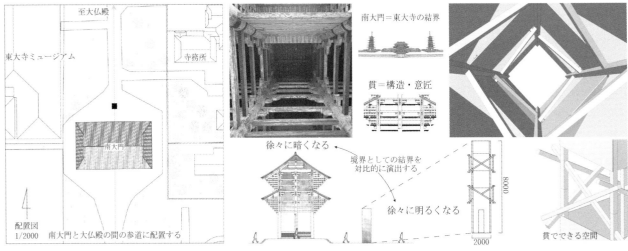

配置図
1/2000 南大門と大仏殿の間の参道に配置する

南大門＝東大寺の結界

貫＝構造・意匠

徐々に暗くなる

境界としての結界を
対比的に演出する

徐々に明るくなる

8000

2000

貫でできる空間

発表

　本提案の計画敷地は東大寺南大門の側である。この門は、平安時代の大風によって倒壊した後、鎌倉時代に焼け野原になった東大寺の復興を担った別当重源上人によって再建された。その姿は、宋からもたらされた「大仏様」によって作られ、約 20m に及ぶ 2 層分の吹き抜けに貫が飛び交う透明な空間である。また、規格化された断面寸法の木材で組み上げる事によって、視覚的なバランスを保つと共に工期の短縮を計った。この門の、明確に力の流れが見え上部が闇に包まれた空間が、大伽藍の結界の強さを示しており、建築家重源上人が東大寺を復興するために目指した、圧倒的な広がりを持つ空間であった。この闇の広がりによって結界の強さを示す南大門を強調するために、光によって広がりを持つフォリーを計画する。闇と光の 2 つの門を潜り大仏殿へ進む事で、仏教の宇宙観を形成する伽藍の仏域が明確に認識され、門の役割を強く示す。提案は、南大門と同様に貫の組み合わせによって作られ、貫の間から差し込む光によって内部が満たされる。また木材は柿渋を塗ることで創建当時を思わせる朱の空間とし、現在に過去の姿を重ねる。貫は大仏様で多用された後、和様化され多くの建物に応用されていった。この南大門は現在まで続く建築の始まりを示す重要な役割であるため、貫の空間を作る事で構法の希少さとその空間性を示せるのではないだろうか。かつて東大寺を形成していた大伽藍は歴史と共に多くが失われ、全体の姿を想像することが難しい。南大門横で門の結界を強調する「臨むモノ」が建つことで大仏殿だけではない東大寺の、無限に思える広がりを示す事ができると考えている。

4班　臨むモノ

講評

橋村：構造は楽しいですが、場所が当初の予定の場所と違って正面になっています。参道の正面は塞ぎにくいので、場所はセンターの南大門の西側の建物の前の広場で検討して欲しいです。それから風が吹いたら大丈夫なのかということが気になりました。その解決策と、五角形の意味を教えてほしいと思います。

加藤：もともとこのフォリーは南大門の上の 30 メートルの空間を通過せずに見上げて欲しいということに重きを置き、門の持っている意味合いを採用しています。奥に柱があり、フォリーの中に入って止まって見上げてもらうという行為をさせることがこの五角形の主な目的です。

橋村：参道の正面の真ん中のところに作るということに発想の中で大きなウェイトがあるのかもしれませんが、大仏殿の参道、南大門の参道というのは重い場所なので、当初の場所から出てくる発想に繋げてもらいたいです。

藤本：皆さんあまり風のことを考えていないんですかね。建物はとてつもない風に常にさらされていますし、台風でなくてもこれは普通にこけると思います。そうなった場合命に関わるようなストラクチャーです。きちんとベース面や、基礎を考えていればこのタワーでも理解できますが、そこが全く考えられていないまま、中間講評に 8 メートルのストラクチャーですぐこけるようなものが出てきていることは想像を絶している。フォリーだろうが建築ですよね。人がそこにいて、命にも関わる、そして伝統的な建築の価値にも関わることだという重みが理解できていない。そして真ん中を塞いではいけないということはしっかり受け止めてください。場所が変わると作品も全く変わります。この五角形も、真ん中に一本柱があったら立ち止まるという話ですが関係ないですよね。三角形でもいいし、別の形でもいい。色々な思考がすごく短絡的。思考が浅い。色々浅さが重なった結果、謎の物ができあがっていますが、今まさに、コロナで世の中が大変なことになっているときに、東大寺でプロジェクトをするということの重みを考えてください。皆さんが直面している状況というのはそんなにふわっとしたものではないんですよ。頑張りましょう。

櫻井：先ほどまでの班と比べると構造的にはまともだなと思って少し安心していました。けれど、どう考えても反力がまずいです。8mの高さがあって、地震が来たり、風が吹くとこけるので、浮き上がりの防止が必要です。敷地的に足下に杭が打てません。ベニヤでもコンブラでもいいので、ベースプレートの上に重みをのせて浮き上がり防止したらどうでしょうか？ただ 8m でルーバー間隔が小さいと、かなりの風を受けて 500 キロ、何百キロという浮き上がり

班長　加藤 駿一（名城大学 修士 1 年）

佐藤 蒼羅（武蔵野美術大学 3 年）　平松 那奈子（京都大学 3 年）

が来ます。結構大きな基壇を造って 500 キロの物を乗せますというなら、それはそれで面白い。物を乗せるだけでは格好悪いので目立たないよう工夫すればいい。厳しいことを言いますが、若い人の感性で自分たちが安全性を追求したモノに挑戦しますということなら挑戦してみたらいいんです。2-3 回帰れって言われても建ててやるぞという気迫を持ってください。

芦澤：南大門の多様なあり方はいいと思います。けれど門として設計できていない。あの寸法の与え方も図面を見ていたら特に一般の人はこの中に入ろうとも思わないです。中がどうなっているのか気になりませんし、外から見ても構造も全部露出されているので中に入る必要性がないものになっていると思います。南大門はあくまで門として設計されていて、そこが結界であり、空間があって、上を見上げると、外からは想像もしていなかった空間が見えるというのが面白いところ。具体的なアドバイスとしては、門を作るのであれば、上の方は重い物だとまた構造的な問題が発生するので薄い物、軽い物を貼るといいと思います。あるいはスパンを広げて、人が通りたくなるようなものを考えた方がいいと思います。南大門は構造的に合理性を追求して造られた物ですから、そこをきちんと学んで自分たちなりに、新しい門の設計をするべきだと思います。どう見ても門だと思えないので執事長もここに置いたらいけないと仰るんです。あってもいいのではないかと思えるようなモノが提案できれば許可はいただけるかもしれません。自分たちが何をしたいのかもう一度よく考えてみてください。

吉村：僕もぱっと見た瞬間は藤本さんと同じ感想でした。それは藤本さんがお話されたので言及しませんが、製材された木材を大量に使うこと自体がこのワークショップの主旨に合わないと思うんです。そもそも加工は誰がやるのか。加工された木材を運んで組み立てるだけのためのワークショップではないと思うんです。予算も、5 万円で製材された材料を使っていたらこのサイズのものを作れる気がしない。しかもこれを一日で建てて大量のゴミを出す事をどう考えているのかも気になります。燃やす以外にできる事を考えた方がいいと思います。

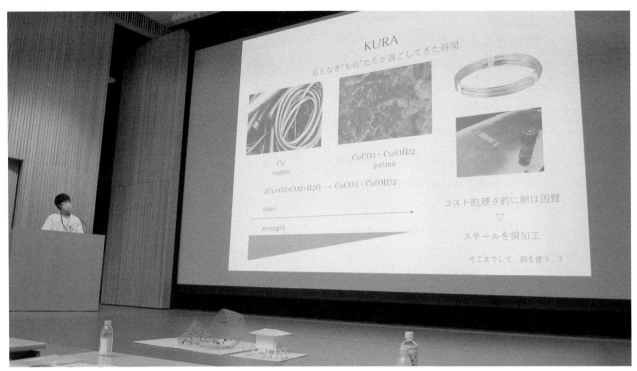

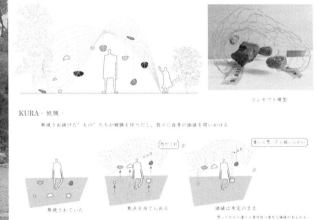

発表

　我々の敷地には、校倉造りの本坊経庫と、雨ざらしにされ並べられた巨石があった。この巨石は、かつて東大寺にあった寺院建築の礎石であるらしい。だが、いまだその根拠が見つかっておらず、価値を決めあぐねて本坊経庫の前に置いているそうだ。この価値への証拠がない "もの" は現在でも雨ざらしにされ、価値があると定められた "もの" は倉に保管されているという対比に我々は注目した。

　価値への証拠がない "もの" はこの礎石に限った話ではない。東大寺境内に無数に存在する石も、もしかしたら貴重な "もの" であり、全て等しく謎めいているのである。しかし、いつも注目されるのは決まって、ゲージに入った、いかにも貴重な "もの" たちであり、その外に転がっている "もの" は踏まれ、無視され、ぞんざいに扱われてきた。

　ここで、我々はそういったゲージ、すなわち「倉」が内と外で価値を明確に分けてしまう装置と捉え、これまで無視されてきた "もの" の価値を再認識させる装置を「KURA」と呼ぶことにした。この「KURA」は我々に "もの" の真価を問いかけ、価値を押し付けることはしない。価値は己自身で考えるものであり、その "もの" が "なにもの" か、ということにこの「KURA」を通じて考えさせるのである。

　六相円融という言葉がある。これは、すべての存在が六相をそなえ、部分的にも全体的にも完全に調和し合っているという言葉である。ここで、東大寺を東大寺たらしめている "もの" はいったいなんなのか、という問いを考える。この問いの答えはいったいなんなのか。それを考えるときに、排他的になってしまっているものはないのか。己の心に聞いてほしい。

5班　KURA

講評

腰原：なぜ編まないんですか？既製品を買ってきてもつまらないじゃないですか。もしこれで持たせようと思ったら自分たちで曲げられないようなメッシュになってしまいます。佐藤さんが言うように銅線だったら自分たちで曲げやすい。でもある程度太くないと多分形を維持できないですね。模型のサイズだからこれはこれで良いのであって、実際の大きさにしようと思ったら自分たちで作らないとダメだと思います。逆に言えば疎密を自分たちで編めるわけだから、全体を一回編んで足りないところをもう一回編むようなこともできますよ。バリエーションの方向性が違うのではないのかなと思います。多分何をやっても、石をぶら下げただけで垂れ下がってしまいましたというオチになりますよ。明日発注するんですよね。

安田：モックアップは作りました。市販で模型の網目サイズのものが910の幅で売っていたので、それを使いました。手編みよりも精度が高く、強度が強いものなんですけど、それでもそんなに強くなかったので、手編みで本当にできるのかなと思っています。

腰原：これは手で編んだんですか？

安田：市販のものです。

腰原：これはフェンスとか、枠の中に収めるために売っているものなので、枠が無くて自立させましょうというのは無理。銅の太い針金の方が自由度は上がります。それで調整するのであれば変形してしまうところにもっと編み込もうよとか、ボリュームをつけようよというコントロールができるんです。このメッシュというのは均質なので、逆に言えばこういう変な形を作るのに向いていないですからね。だとすると本当は均質なメッシュを作っておいて、必要なところに要素を足していくとか補強していくというスタディをしないといけません。

橘村：先ほど倉の中で守られるものと外にあるものとの関係をこの構造を使って違う表現をするという説明がありましたけれども、この模型からはその辺りのところが少し分かりづらいという印象があります。また、昔はよく板で吹いてある屋根を石で押さえて、その重みでいろんな構造を支えているというものがありましたけども、それをぶら下げることによって、力で支えています。この模型ではネットが支えられていますが、実際の大きさでこのネットを維持させようと思ったらかなり頑丈なものでないと形を維持できないですし、重さで支えようと思うと細いと強度がないのかなという、その辺りのところが少し心配です。

班長　安田 樹（東京大学 修士1年）
　　　保坂 日南子（三重大学 2年）　　大内 麗（鹿児島大学 2年）

横山：ここまでずっと木ばかりだったので少し新鮮というのもあるのですが、アイディアとしては面白いです。そういうスチールと石を使って、特に石に注目するというところが良いと思うのですが、鹿の糞ではなかったことが少し残念でした。また、この形がなぜあの場所に必要なのか、形の意味が分からないことと、名もなき石というものをうまく説明しようという、説明的な表現になっていて、あなたたちがやりたい意図をもっと出していかないと、別にあの場所になくてもどこでも良いということになるんじゃないかという形なんです。その辺りが気になります。それからやはり市販の金網を使うと模型が大きくなっただけという、模型感が抜けないような気がするんですね。だからそうではなくて針金の大きいやつでも何でも良いから、それを丁寧に自分たちで編みこんで形を作って、その形がその場所になるほどねという形にならないといけないと思います。自分たちでやるともっと自由度が出る。この金網を使うとこういう面を作るしかないでしょう。だからもっとなるほど必要なんだ、という具合に石との関係を作っていく方がいい。やはりこれは苦労しないとだめでしょう。今回はもう修行ですよ。東大寺は修行の場だとよく分かりました。苦労して一生懸命作る、それが重要です。

遠藤：今網の方に話題が行っていますけど、別の観点で言うと網が大事なのか石が大事なのか、それが整理されていないですよね。だから網を使ったら石も面白くなるみたいなことに見えてくるんです。網の形状がよく分からないという話にあった通り、二つのアイテムを一応考えたけど、まとなく自分の情緒や感覚的になっているから中途半端な感じになるんですね。アドバイスとして言うと、編むことも修行の一つとして良いのですが、石を選ぶことも大事なのではないかと思います。名もなき石をさっと拾ってきただけでいいということではないと思います。石をここにどう見せていくか、設定していくかという点にもエネルギーを費やしてほしいと思います。今は両方が曖昧に提案されているのでそれを少し整理する必要があると思います。

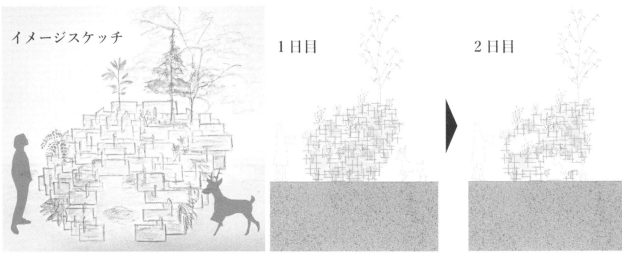

発表

　華厳経の教えに用いられる「無縁」があらゆるものが平等であることを意味するように、大きなものや小さなものだけを見ようとするのではなく、それぞれの関係性を見ることが大切であると考える。私たちは気付きにくい関係性の一部を可視化させる環境装置としてのフォリーを提案する。東大寺は観光化された現在も鹿や珍しい野鳥などが見られ、人間と共存しているのが印象的である。これら生き物は東大寺に特殊で豊かな植生を育み、私たちに普段見ている公園とは違う心地よさを与えてくれる。植生と建築の両者には、長い年月とともに築かれた柔らかい関係性が存在しているように感じた。その関係性を壊さず、長い時間軸で見たときにフォリー自体が人間の活動（人工）と生態系のバランス（自然）に貢献できないかを考えた。私たちの敷地には多様な植生と多くの鹿や糞虫などの生き物が存在する。また、敷地の隣には、先祖が将来資源不足に困らないようにとつくった植林地が存在している。まず、生命の誕生を思わせる種から形を構想し、植林地へ意識を向けるために種の頭が植林地の方へ向くように傾ける。この形を吉野木材の製材所から出る板状の端材を利用し、互い違いに組んでいくことで構成する。端材の隙間に奈良公園にゆかりのある様々な植生を植え、人間だけでなく鹿や糞虫などの生き物とも繋がるフォリーとなる。また、植生やせんべいからなる板材を鹿に食べさせることで、時間とともにフォリーは変化し中に入ることができるようになる。解体時まで残った植生は奈良公園に移植して保全し、端材はバイオマス燃料として利用する。このように、材の調達から解体後の利用の仕方まで考えたフォリーを提案する。

6班　繋 ―植物か建築か―

講評

倉方: 作りたい形がどんなものなのかを知りたいです。その模型は壊れた後のものですよね?

齋藤: 最初に作った時点では、このような形でした。これは吉野杉端材と米糠板がランダムに入っています。鹿と鳥によってランダムに食べさせて・・・

倉方: 形が何かを想像させたり意味しているので、崩れていったり壊れていったら何か違う要素が出てくるといいと思います。素材の循環システムを作っているということをすごく説明してくれましたが、実際には食べられないと思いますし、おそらく形も変わらない。ランダムに組み合わせているだけではなく、サイクルを表現したり想像させたりするのに適した形があると思います。それと礎石っていうことと関係を持たせるとすれば、礎石だから丸い形を作るというのは短絡的な気がします。形態の持つ意味が逆に変化を想像させたりするということが重要です。ですから、今のところ形態は決まっていないようですが、最後までランダムで進めていくのは良くないと思います。考えていることは面白いと思いますが。

齋藤: こういう形が良いがどうかは、構造の検討も考えて、ご指摘いただいたようにしっかり考えます。礎石の目が果たして良いのかどうかもちょっと考えが足りていなかったので、そこもご指摘通り考えていきたいと思います。

天野: 最初に丸い形にしたのは、組み合わせたときにドーム形だと均等に荷重が分散して、安定するだろうと考えたからです。その後、先端の尖ったところの方向に、東大寺の将来の再建用の杉や檜を育てている植林地があるので、そちらを向いてもらうために、この方向に向けてフォリーを設置することで、東大寺の自然との長期的なサイクルを意図した形にしています。模型についてはもともとこちらの方に傾けて作り、こちら側が鹿によって食べられて潰された後、穴が空いたような感じになった時にどう崩れるのか検討したものです。その傾けた方向にますます傾いていくことが分かったという模型です。

倉方: 1.8mまでは鹿に食べられるから綺麗にそこに線ができる。物事の原理というのは結果的に何かの形を必然として生む時があります。でもこの形はそう思えないんです。例えば米糠板のタイルや木のタイルが自ずとこういう風な構造をとるという構想が必然になってくれば、自然というものが表現できていくと思います。自然の中には幾何学などの法則がありますが、そういうことを今はランダムということに全て還元してしまっているのでそこが気になります。

平沼: このサイズを決めた理屈はありますか?内輪の有効寸法が1100と規定されていますがかなり小さいのではないかと思います。あと入りづらいですね。また、鹿の勢いが半端ではないのですぐに無

繋 ―植物か建築か― 6班

班長 齋藤 匠 (東京理科大学 修士2年)
　　　天野 萌絵 (金沢大学3年)　　衣笠 恭平 (京都工芸繊維大学1年)

くなってしまうのではないかとも思います。あとはもう少し豊かな平面になってないといけないのではないかと感覚で思っています。

齋藤: おっしゃる通りです。鹿に対する圧力も、土やパネルの自重で、構造を安定させているとおり、実際にモックアップを作ってみないと分からないので事前に一度モックアップを作って確かめようと思っています。大きさについては、奈良県の製材所の方々に依頼して挽き板を集めていただいていますが、集められた挽き板をできるだけすべて使いきることを検討して、材の量に応じて大きさも決めていこうと思っています。

平沼: そういう状況からのボリュームの検討の仕方ではなくて、理論的なコンテクストをもって、これがこれだけ必要なんだというくらいの勢いでご厚意を集めた方がいいと思います。今そのプロセスが逆転している気がします。このワークショップは、製作期間が約一週間しかない中で、一日だけの仮設展示ですが、まずできなかったらどうしようもないですよね。有効に鹿くんたちを誘導するという案は非常に面白いですが、もう少しできるかできないかというギリギリのところ、エッジラインを目指してほしいと思います。そういう頑張りを評価される先生たちも多いです。

長田: このフォリーは1800より上にある時点で、鹿の建築ではないと思います。

平沼: 倒れる。

長田: 倒れますよね。これはなぜ食べられない部分も混ぜているんですか?また根本的なことですが鹿に餌を与えてもいいんですか?鹿せんべい以外のものを鹿に食べさせることはオッケーなのか?ということです。

橋村: 鹿愛護会の人に聞いた方がいいですね。先ほど見せてもらいましたが鹿せんべいのような匂いがしていました。

会場: 大笑

橋村: 同じような匂いでしたね。食べても大丈夫なら、鹿は食べに来ると思います。食べてみて、おいしくなければ食べないでしょう。しかし、野菜などは鹿にやらないでくださいと言っています。与えてしまうと人からもらえると思って、鹿が行儀悪くなるので、餌をやることをすすめていないのは事実です。

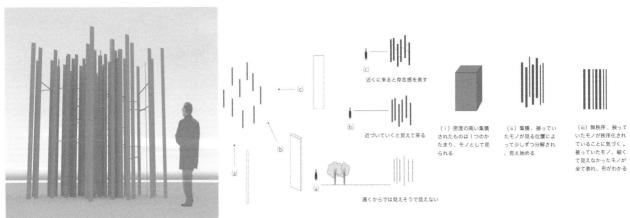

発表

　1000年以上の歴史を持つ東大寺大仏殿は260万人という当時の人口の半数の人が関わり協力し、建てられた建築物である。私たちは、実際に東大寺を訪れ、見えない力のようなものを感じた。それは、東大寺がもつ歴史の長さ、見えない歴史的背景、当時の人々の支え合い、苦悩、努力、ストーリーが東大寺には存在するためだろう。

　また、東大寺は華厳宗であり、華厳宗には、この世を支配するのは縁起であり、四種法界は縁起により繋がれており、物事はそれぞれ独立しているように見えるが、実は縁起により互いに関係し、調和しあっているという教えがある。つまり、物事は見えない力のようなものでつながりあって存在しているということである。そこで私たちはその見えない力を可視化し、建築で表現できないかと考えた。

　このフォリーは細い短冊状の柱と細い横架材で構成されている。柱を敷地に何本も立てる。柱は基礎がなければ、それ自体では自立することができない。しかし、横架材で全ての柱をつなぐことで、柱同士を結び、1つの構造体になる。その横架材は細く、遠くからは見えない。短冊上の細い柱は遠くから見たり、角度を変えて見ると、集積しあい、大きな一本の木のように見えたり、柱が独立して見えたりする。実際には横に薄い、横架材があり、柱は独立していない。そこには見えない力（横架材による水平方向の力）が働いている。

　東大寺という巨大な建築物も、一人一人の見えない力が集積して、1つの巨大なものを作りあげている。このフォリーも一本一本は弱く、脆いものだ。しかし、それらはつながり、結びつくことで、互いに支え合い、自立している。

7班　縁

講評

班長　舟津 翔大（北九州市立大学 3 年）
岩屋 百花（関東学院大学 3 年）　　　新谷 朋也（近畿大学 2 年）

藤本：大きな方向性としてはすごく良いんじゃないかと感じています。ですが、特にこの木のフレームが入っているのがいまいち納得ができなくて、土だけでできる形はないのかなと思います。あと五角形なのか四角形なのか、変にデザインされている意図を聞かせてもらえませんか？

舟津：わざわざ金網を用いているのは、土壁を使う時に普通は竹で作ると思うんですけれど、金網に塗る時に人間の力で押すことで自然隆起に近づくのではないかと思いました。シャープな線になってしまうと人工的な感じがして、岩みたいな感じが出ないのではないかと思ってこのような形にしています。

藤本：表面はそのような感じなのかもしれないでしょう。ですがそもそもこの幾何学的な形は、もし岩みたいなものを表現したいと思って幾何学的な形にしているんだとすると、少し浅はかですよね。結局、シャキーンとした結晶みたいなものが岩っぽいよねと言っておきながら、でもシャープなものだと岩じゃないからグニョグニョ押したりというのは変じゃないですか？しかもこれが大仏殿の正面の非常に幾何学的なものとどう調和していくのか。あるいはこのスリッドみたいな入り口があるじゃないですか。ここから何が見えるのかとか、向きもとても重要になってくる。ですからその辺りが少しおさえられると良いんじゃないかな、と言うか詰めないとなという気がしました。

吉村：2 班と同じく中に人が入れるわけではないので、外から眺めた時に何か意味を持っていて欲しいんです。中に入れないから、入れる人のためだけに作っている建築というのは少しおかしい気がするんですよね。そうではない説明の仕方をなんとか考えて欲しいなと思います。それ以外の話は僕もよく分かりました。

芦澤：最初のプロセスの話で、大仏様ができたプロセスと、モノの作り方に全然親和性がないですね。僕も木は絶対ない方が良いと思うし、要素が多すぎますよね。当然セメントみたいなものは絶対 NG ですが、土と鹿の糞だけで単純に山を盛ってメッシュをかけて、その外皮は結構硬くなんとか鹿の糞で固められるなら固めて、最後に土を撤去する。より土着的なことに持っていく方が根源的な建築のようなものを感じさせられる可能性はあるのではないかと思うんですよね。山の形をどんな形にするかというのはまだ考えたら良いし、もしかしたら削るという行為が大事で、そこのコンテクストを表現したいのであれば山を作って削ってみるといった外側の見せ方があると思います。

陶器：素材が土とか鹿の糞とか大地からの隆起とか、イメージとしてはマッシブなもので版築的に作るイメージがありますね。芦澤さんは親和性が感じられないと言ったけどむしろその方が良いのかなという気がしています。自然材料だけどそれがすごく薄っぺらく素材感を感じさせないものというものを作れば、逆の意味で面白いかなと。多分ダブルで作ればメッシュでもいけるのかなと思います。すごくマッシブな材料でシャープなモノを作ることを目指してみても良いのかなと思いました。

遠藤：今表示されている CG を見て岩だと思えないんですが。これは岩ではないですよね。もっとリアリズムがないと全然説得力がないと思いますね。実際に鹿の糞を山のように積んで、そこから切り崩していってこうなりましたという方がシンプルだけど説得力があります。形で攻めるのであれば、この形をもっと君たちがこうでないと、というものを作らないとだめですよ。非常に中途半端な計画になっています。君たちは建築を目指しているので、建築の思考としてどうするのかですよね。多面体キューブで立方体があっても良い。しかし何となく岩みたいにしようというのでは弱いと思います。形に理由がないなら、むしろ意味を持たせないために正四角形にしましたと言ってくれる方がスッキリするぐらいです。ダイアグラムの中に自己判断を隠している、あるいは判断していないという気がします。

吉村：折り目が増えたら持つようになるんですかね？もう少し今っぽい形状というか、三角形のポリゴン分割したみたいな、折り目が多い形状に折り目のところだけ厚塗りしていくような、それ以外は透けていても良いみたいな塗り方をしていると実は持つんじゃないですか？

腰原：多分そうなんですよね。木の枠の代わりに今みたいな土の塗り方を工夫してあげればいい。応力の大きいところとかエッジになるところを、今スライドで表示されている CG のように厚く塗ると割と濃いめになって、真ん中辺りのところを薄くするなら透けるくらいにする。それでこの薄いところがもつためにはどれくらいの面の大きさまで大丈夫なのか試行錯誤をして小さい折れ目になってくれればできるのかなという気がします。

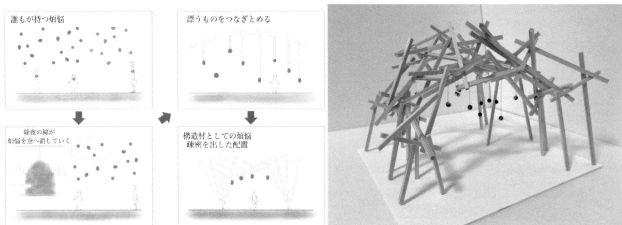

発表

　天平勝宝４年（７５２年）に鋳造され、地震等による三度の墜落を乗り越えて、奈良時代からその場所にある東大寺の梵鐘。毎年１月１日の午前０時から除夜の鐘をつくことで有名であり、その際にはゆうに８００人を超える人数が集まる。そういった視点でこの敷地を見ると、今までに取り除かれてきた「煩悩」というものが、そこら中に漂っているように思えてくる。そうだ、ここは浄化のための場所なのだ。

　私たちは往々にして自らの煩悩に無自覚であるし、言葉に出すことなどほとんどない。けれども煩悩と言ってもネガティブなものばかりではないだろう。欲望は時として原動力にもなる。誰にでも備わる感情だし、私たちの構成要素の一部であることに間違いはない。だからこそ私たちは、個人が内に秘めた煩悩を＿つまりは裏側の私たち自身を＿自覚するようなフォリーを作りたいと考えた。この敷地中に漂い、揺れ動いてきた様々な感情を、１０８個の石材を吊るすことによって表現する。引張材のピッチをばらけさせることによって内部に明と暗の空間を作り出し、多様な感情の陰陽を強調する。空中に漂う煩悩は、それ自体が構造体として機能するものであり、それなしでは自立することができない。

　タイトルの「ユレウゴクモノ」には、吊るされた石材が風や人との接触によって揺れるということと、その中に入っている人の感情が揺れ動くという２つの意味を持たせている。このフォリーを通り抜けていくという体験の中で感情の揺らぎが生まれる。その後に見る鐘楼は、きっと彫刻的な美しさ以外の意味も感じ取れるはずである。

8班　ユレウゴクモノ

講評

藤本：基本的なところは面白そうだなと思います。千何百年続いてきた音がその日だけ変わるという部分にはすごく、興味をひかれました。共鳴して、ある音域だけがすーっと伸びていく感じも、ちょっと不思議で面白かったです。出来上がったものはすごく、色々考えていて、建築的なところとどう繋げるのか、そこでどういう風に滞在したりどういう風な姿勢で座ったりするのかということも、すごく考えていることはわかりました。一方で結果として、特にこの鐘というのはすごく堂々としていて千何百年間鳴り続けていたというその存在の大きさとフォリーを比べたときに、一日だけ鐘の音を少しと変えましたというこの所作が、小さくまとまっているようでもったいないなと思ったんです。さらに言うと音は、場所によっても聞こえ方が違うと思いますし、季節や湿度でも変わる。そう考えた時に、この鐘は、同じ音が鳴ってきたともいえるし、毎日異なる音が同じ鐘から出ていたとも言える。一番メインの鐘の音を何とかしたいというテーマは当然変えなくていいしとても面白いと思いますが、どう対峙するかというところをもっと深く考えられるのではないかと思いました。

佐伯：スケールを変えるという話ではないですよね。

長田：いわゆる物理的なスケールというだけの話ではなくて、時間のスケールやその深みを追求してほしいと思います。あまりにも物理的にというか実証的に音が変えられているという感じ、装置で無理やり変えられているような印象を受けるんです。今は理科の実験の、科学博物館にある実験道具のように見えてしまいますよね。それだとこの鐘の存在に対して、少し気恥ずかしくないかなと思います。

長田：僕も一つの実験としては興味深いと思います。ただこれが空間化される時の例えばベンチになる、壁になっているという要素が少しうるさい気がします。どうしても建築を作らないといけないから建築を作りましたという印象を受けるので、シンプルにこの経験をダイレクトに感じられるようなものでもいいのではないかと思います。経験が、強く出るようなものでもいいのではないでしょうか？建築のワークショップなので、他の班もですが、内部空間を無理やり作ろうと頑張って、インテリア的なものを作ろうと必死になっていますが、このプロジェクトは特に、音の問題なのでインテリアが必要でそれをそこで座って聞かなければいけないというような作品にするよりも、もっと離散的に音と接する機会であってもいいと思いました。

班長　佐伯 直彦（東京大学 3 年）

亀山 拓海（大阪工業大学 3 年）　　　清水 万紀子（北九州市立大学 3 年）

これを展示しているときには実際に鳴りませんよね。ですからその音をどのように堪能するかということを含めて考えてください。例えばこの壁の部分の前を通ると屋根の音の回廊みたいなものが出来上がって行くのである音が伸びてきたり、伸びてこなかったりするとかですね。

腰原：もう一つ、音は本当は鐘から広がっているのでこんな風に平行に規則正しく積まずに、音が遠くに広がっていくんだという方向性を示すような、積層じゃない作り方をしたらいいと思います。離散的に筒があってそれが結びつけられてて空間になっていますとか、この筒の方向が鐘楼からの音の広がりになってますというように、変な方向を向いている筒をどうやって繋げたら構造的に空間、川が作れるかというところまでたどり着けるといい。おそらくもうワンステップ必要だと思います。今は均質になってしまっていますが、鐘からの距離や鐘からの広がりなどもう一個刺激を与えるとこんな規則正しく均質なものにならないはずです。それが出てきたら今度は構造的に足りないものは何なのか、という話になって、筒と違う素材が必要ということに繋がってくるかもしれません。

橘村：先生方がおっしゃっていたことはみなもっともだと思います。最初、これを見たときは面白いなと思いました。プレゼンの中でおっしゃったように、1000 何年もの間鳴り続けてきた音があって、変えた音に向き合える何かの意味のある音というのが、もしあれば、また違うのかなという気がしました。しかし音としては面白いですが建築として、どういう面白さがあるのかということが分かりづらい。今年それぞれの班が選んだ場所で一日だけ現れる、その瞬間を待っていたというようなそんなものができるといいですね。周りにあるものはすごく伝統的で長い時間が経っていますし、あの自然環境の中でもすごく素晴らしいものですがそれとは違う何かがほしいです。この一日だけ生まれてきた音の強さだったり、見え方がするというものがもう少し欲しいかなと思います。

東大寺 総合文化センター 金鐘ホール（大ホール）
8月22日（土）12：30～18：00

講評者　芦澤竜一　遠藤秀平　倉方俊輔　腰原幹雄　櫻井正幸　陶器浩一　長田直之　橋村公英（東大寺執事長）
　　　　　平沼孝啓　藤本壮介　横山俊祐　吉村靖孝

■ 発 表｜提案作品講評会時点 得点集計結果

　それではここで、本日の中間講評時点、集計の結果を発表します。もちろん本日は中間講評会時点の得点ですので、決して批判をするようなものでありません。あくまでもこの後の提案の見直しや制作にむけた励みを目的にしています。どうぞ目安としてだけ、捉えてください。それでは発表をいたします。

第1位、6班　タイトル『繋 －植物か建築か－』です。
そして第2位、7班　タイトル『縁』です。
そして第3位、1班　タイトル『浄』です。

　この上位、3チームに入らなかった班員の方たちは、どうぞ気を落とさないでください。過去の開催の高野山では、中間講評の下位チームが、最優秀賞をとり、最下位のチームが2位となりました。上位チームの方たちは、どうか油断せず制作の質を高め、下位チームの方は、この後、大いにがんばってください！

各班長の質疑応答

各班長の質疑応答

（提案作品講評会時点 得点表）

班		タイトル	得 点
1		浄	160
2		対峙	10
3		灯	0
4		臨むモノ	90
5		KURA	155
6		繋 －植物か建築か－	390
7		縁	230
8		ユレウゴクモノ	65

■ 総 評｜提案作品講評会を終えて

司会：それでは講評者の皆様から講評を頂きたいと思います。

吉村：みなさんお疲れ様でした。すごく面白かったです。ここ数年の中で一番面白かったのではないでしょうか。建築とは何なのかという根本的な問題に、それぞれが思いを及ばさなければこの課題に取り組めないということがはっきりしたからです。アートと彫刻と建築の間ってどこにあるんだろうという話や、逆にアートの真似事のような感じで連想ゲームでストーリーがあるからストリングスをつけてみたり、ということではないんだということもはっきりしましたし、南大門の目の前に建築をそのままコピーすれば建築なのかって言うとそうでもないといった話題もあったと思います。内部空間があれば建築だと言えば確かにそうですが、内部空間があるもの全部を僕らが建築と呼んでいるかというとそうではないんですよね。僕は答えを持っていないです。ですから、皆さんの中で一生懸命深めていただいて、一か月後に期待したいなと思いました。

倉方：本当にこのワークショップは大変ですよね。観念ではなくて特にモノの性格や素材、場所など、モノに内在していた性格がこういうことだったのかと思わせるような、形態、あるいは構造や工法が重要になってきます。「物性」（ぶっしょう）とでも呼ぶべきものを考えるといいと思います。コップに半分水がある時に、半分しかないと言うのとまだ半分あると言うことが違うように、素材もこれっぽっちの素材だけれどその素材のいい部分が引き出せればモノの持っている本来の性を引き上げている、あるいは場所の持っている性格を引き出せるという、建築とはそういうものなのかなと思うんです。大学という枠組みではそういうことに向き合いづらいので、ぜひこのワークショップでそうした「物性」を引き出してください。

藤本：今日は東大寺の境内という大変貴重な場所で実際に建築を実現するための講評会です。場所のリサーチから周辺のコンテクストを調査し、東大寺の何かと繋げて発表しておけば、何となく形になるんじゃないかという意識で作っているように見えたものがとても多くて、それは建築ではないし、なぜこの素晴らしい場所で提案し空間体験のできる機会をこんなに無駄にしているんだと、思わず熱くなってしまいました。まだ学生とはいえ、僕は皆さんのことを一つの建築家チームだと敬意を込めてコメントしたつもりです。「建築」は世界全体を繋ぎ合わせて統合することで感動させる一方で、提案者にとっては大変な作業です。その場から導いた批評性からひとつの形態を示し、その場で空間を表現するために、構造的な理念と素材の持つ力を合わせ、周辺環境との関係性の中で、バシっと腑に落ちるものを提案し作るのです。そこに人の活動が表れ、社会的な表現の意義や歴史や伝統に連なり、あらゆるものが繋がり感動を生む。建築空間とはそれを全部引き受けた装置として、人へ感動を与えなければいけないという責任を負っているという意識を必ず持ってほしいのです。最終決定する明日までまだ時間はあります。既に素晴らしいインスピレーションを得たチームもありますし、「それを活かしていくには、どうしたらいいだろう」ということを考えてください。僕は平沼さんが継続してきたこのワークショップに今日初めて参加しましたが、これは建築に向かう上で、素晴らしく凄く面白いクリエーションの真っ只中にいる。先ほど森本さんが仰ったことがまさに建築の本質を突いていました。その場に一日でも誰かいて時間が変わり日が変われば、状況も変わる。選んだ計画地に参拝者が通り、鳥が鳴き、光の変化や風を感じる。その全てが建築という行為です。一日だけでもその地で提案した空間の体験ができ、何かを参拝者に掴み取ってもらうことができたら、とても素晴らしいことです。皆さんは今まさに可能性とポテンシャルの只中にいるので是非全力で頑張ってほしいと思います。

吉村靖孝　　　　　　　倉方俊輔　　　　　　　藤本壮介　　　　　　　長田直之

長田：お疲れ様でした。今日午前中東大寺をご案内いただいて、多分ここにいるほぼ全ての人はもう二度とこんなに恵まれた場所で何かクリエーションすることはないと感じました。多分僕にも訪れないというくらいの貴重な機会だと思います。そのくらい恵まれた場所です。ですからそれに応えられるように頑張ってほしいと思います。辛くなったら、今なかなか移動できないので奈良にまでは来れないかもしれませんが、滞在中は自分の敷地だけではなくて、東大寺全体を何度も歩いて色々なものを見て、ここに集積しているエネルギーやフィロソフィーなど様々なものをできるだけ自分の中に取り込んで、考えてください。浅はかな、最近仕入れたアイデアなどではなくて、とにかく深く考えるということをしてほしいと思います。

橋村：観念的な話になりますが、時代劇で殺陣（たて）を指導する殺陣師の清家三彦さんという方がいらっしゃいます。その方と過日お話しした時に感じたのですが、良い殺陣をする俳優さんは、斬り役で相手を斬ったその瞬間に、感覚のどこかで今自分が斬っている相手になって同時に斬られてもいるのではないか。そういう殺陣で初めて素晴らしい映像ができる。行きつくところが斬る側と斬られる側の相互理解だとしたら、建築であっても、計画地という場所性が持っている様々な歴史や自然環境、現実の人々の管理も含めた状況との相互理解が大切だと思います。もし設計者が斬る側だとしたら建築が立つ現場は斬られる側でしょうか。その相互理解が深ければ深いほどよいものが建つのではないかと感じます。今からの準備期間を考えると非常に短い時間ですが、今一度、各班のメンバーが制作地のロケーションや周辺の環境をよく見て理解を深めていただきたい。提案作品が、公開日にまさにその日その場所に出現する瞬間を待っていたかのように思える形で現れたら、素晴らしいと思っています。

陶器：結構心が折れた人も多いと思いますが、今日の経験で自分たちでリアルにモノを作る、等身大でモノを作るという意味を考えてほ

しいです。安全についての話がかなり出ましたが、実際にモノを作るという責任を皆さんがあまり感じてなかった。建築をつくるということは社会に対してすごく責任があるんです。建て方にしても素材の使い方にしても何となくこんな感じで、という案が多かったのは、自分たちが実際に作るんだという真剣さが欠けていたということでしょう。歴史やコンテクストなどをよく調べて提案しているつもりでも、その場所、その空間で自分が何を感じたか、ということが抜けているので、リアリティに欠けるんです。場所というのを頭では理解していても身体で理解していないから、地に足がつかない提案になっているのかなという気がします。このワークショップの最大の特徴はこういう場所で自分たちでモノを作れるということです。これから実際モノを作っていくわけですが、絶対思い通りいきません。挫折もぜひ味わってほしいなと思います。苦しんで何かが開ければたとえうまくいかなくても自分たちの将来の糧になると思います。ぜひそういう場所とモノに向きあってほしいなと思います。

横山：特に今回の敷地の凄さに対して、皆さんまずは「東大寺とは何ぞや」と解釈をして、それをベースに作っていこうとしていますが、東大寺は皆さんの解釈の及ばない世界だと思うんです。そういう意味では、解釈よりも皆さんが「東大寺をどう感じたか」ということから発して形を作っていくというアプローチをもっと大切にしていいと思います。東大寺にこんな慄きを覚えたとか、こんな凄さがあると感じた、ということがベースになっていくと、もっと本質に迫る、迫力のあるものになっていくと思います。どうも表面的な解釈をベースにしているから提案が何となくふわふわして、既視感のあるものになっています。解釈型が多いタイトルも、形式的なものだろうから、もう一回考え直してください。先ほど橋村執事長が仰った、切った側が切られた側の気持ちになるという相互理解、それは重要ですよね。今日僕は橋村執事長と森本さんの話に切られました（笑）。皆さんもそういう感動やインスパイヤーされたことをもっと大切にしてほしいと思います。

橋村公英（東大寺執事長）

陶器浩一

横山俊祐

腰原幹雄

腰原：「模型としては成り立っているけれども、どれも実際の構造上成り立っていないから、実物は作れない」というものが、前半の4つの班だったように思います。でもその検討が大事です。このワークショップのプログラムは、模型やCG、図面をつくるのが主な目的ではなく、1/1の原寸をつくることです。模型では一時的に接着して表現できるけど、質量や素材性能をもつ実際の材料でつくり始めたらできない、ということを知ってほしいというのが一番初めにあったテーマです。3班は0点でしたが、3班の模型が一番正しいです。2種類以上の材料を使っているからです。他の班はみんな一種類の材料と接着剤で作っているから大体成り立つ。でも3班だけは引っ張り材と圧縮材が分かれているので、ちゃんと作らないと簡単に壊れるからです。しかし、構造を理解していないからうまくいかない。今日の模型は形のスタディでしかないので、どうやって作るのか、材料には何が使えるかということを頭の中で考えないといけません。一番重要なのは圧縮材。模型では、どんなに細い材でも圧縮力はだいたい負担できる。しかし原寸では、細い材になると圧縮が成り立たないので大体つぶれてしまいます。特に金網やメッシュを使い小さい模型を作ったら簡単に成り立ちますが、実際はそんなところが圧縮材になりません。佐藤さんがよく、「ここを折り曲げると強くなるよ」とアドバイスをしていますが、そういう材への「工夫」が必要なのです。今、システムで全体の仕組みは何となくできますが、局部的に応力が出るところ、力が集中するところ、あるいは境界条件、足元をどうするかなど、どういう力が働いて、どういうことが起きると危ないのかということが想像できると、ディテールがしっかりしてきて、実際の建物に近いものができるようになります。是非、形のスタディだけではなく、もう模型は壊れてもいいはずですから、いろんな力をかけながら、「ここが弱い、ここが壊れるとまずい」というような実験から原寸のことを考えて、どのような材料を使うのかスタディを繰り返して、改良することを諦めないでください。

芦澤：お疲れ様でした。午前中に東大寺のストーリーを聞かせていただいて、すごく感動しました。このコロナ禍でなくともここで建築を作らせてもらえるというのはすごいことだと思います。建築って時代性や社会、あるいはもちろんそこに立つ敷地の環境、自然、そういうものを全部一旦自分で引き受けて、どういう空間を作っていくか考えることがすごく大事です。ここはすごい場所だと思いますがだからと言って萎縮せず、素直に本質的にここで何をしたいのかということを考えてほしいです。今日は到達したアウトプットの方向性がずれていた。だからもう一度モノと向き合ってそれをどう作るか、いかに形にするかということを考えること。もちろん構造的に成立するかということも考えなければいけないし、どう構築し現場で作っていくかというマネジメントもすごく重要だと思いますが、皆さんの作品を頑張ってまとめていってください。

平沼：教育委員会の皆様をはじめ、アドバイザーとしてご指導いただく建築の技術者の皆様にも後方で最後まで見守っていただき、誠にありがとうございました。ご覧いただいたように、各班、ボロボロです（笑）。これを明日の実施制作打ち合わせとなる一日。アドバイザーの皆様の力で何とかモノにして頂きたいのです。問題を預けてしまうようで恐縮ですが、開催をはじめた頃、講評者である僕たちが残りアドバイスすると、提案アイデアと実現する手法、材料の調達方法まで建築家たちがどんどん解いていくため、結局、学生たちはスタッフ扱い。そのため、できるだけアイデアは言わないよう講評のみをすることにして、地元や全国で活躍される技術者の方たちにご尽力をいただき、実際に実現して体験する機会を継いでいきたいと思い、十年ほど続けてきました。建築学科では図面や模型で講評されますが、提案までが前提となります。しかし美術・芸術分野では全て原寸で作り原寸に対する講評を受けられる。その人たちを僕たち

芦澤竜一　　　　　　　　遠藤秀平　　　　　　　　平沼孝啓　　　　　　　　櫻井正幸

はとても羨ましく思ったのです。スケールモデルで模型を覗かれて、これはだめだと言われ続けていると、結局何がいいのかわからなくなりました。それは先ほど、腰原さんが仰った、体験しないから分からないということ。自分が提案したもの、模型や図面レベルではわからないことをこのような場所で、リサーチし環境を体験し、物事の分別を学んでもらう。そういうことを経験したかどうかによって、社会に出てからの感度が違ってくると思います。それがこのワークショップの主要な目的です。皆さんが体験したコロナ発生の影響を受けてから約半年が経ちます。この時期に何を得て何を失い、新たな生活をどうしていくのか。今年の開催については相当困難なこともありましたが、この事態の中で開催したことで基軸となる新たな制作の方法を、次の時代に向け、この 2020 年のワークショップから見出してほしいと思います。最後になりましたが、この中間講評会に参加をくださいました、東大寺・橋村執事長、森本さん、このような機会をいただけて本当にありがとうございました。また運営・参加学生、関係者は、同じ船の乗組員のように ONE FOR ALL，ALL FOR ONE の精神で、9 月 20 日の公開プレゼンテーションを無事に迎えられることを大変楽しみにしています。

司会：それでは最後になりましたが、いつもこの建築学生ワークショップを大変大きなご尽力で支えてくださる、AGB 旭ビルウォール代表櫻井正幸様よりご挨拶いただきたいと思います。

櫻井：基本的に計画が甘いというか、計画のことが分かっていないなと感じました。当然アマチュアですから当たり前ですが、昨年もこの段階で伝えた、QCDSE は知っていますか？少なくとも、モノを作るときは品質と、コスト、納期、作る期間と安全、環境への配慮をしないといけません。皆さんの提案には QCDSE のほとんどが抜けているんです。特に、お金の意識はほぼゼロ。材料コストだけで

破綻していると思います。5 万円で買えないものに対してどうするか。それはまず気持ちを買うということです。手伝ってくれた人に感動が与えられるか、協力してくれたモノに見合うお礼ができるのかどうかということ。ザハ・ハディドのプロジェクトは昔はアンビルドの女王と呼ばれ、施工ができるようになったらお金が破綻したという状況でしたが、その価値を求めている人がいるから設計の仕事があったんです。同様に、皆さんがお願いして誰かに材料をもらったなら、その人たちに協力してよかったと言ってもらえるような価値があるものを作らないといけません。またこれから AI の時代になります。AI と人間の違いは何か。創造性をもってモノに当たるということが大事だと思います。その夢を持つという人間性をきちんと発揮できないと、社会では生きていけなくなると思います。今回の、モノの詰め方の甘さを見たときに思いましたが、圧倒的に、コミュニケーションが足りていない。いいモノを作ったり作品にするためにはモチベーションがすごく高くて、コミュニケーションレベルが異常に高くないといけない。両方が駄目なのか、自分のことばっかり言っていないか、一度振り返って反省してほしいと思います。皆さんの世代はコミュニケーションレベルが相当低いことを意識してください。今日は厳しいことをいう先生がおられましたね。挑戦したら失敗はつきものです。失敗したときに火事場の馬鹿力が出てみんなが協力する。1 つの問題解決に対して、ベクトルが合うとその瞬間にものすごい力が出るものです。このコロナ禍で、よく東大寺さんが開催させてくださったなと思っています。ほとんどがイベントをやめて、しかも今年のオリンピックも延期。その状況で皆さんにやらせてあげたいと思ってくださったことに対する配慮。これはぜひ忘れないでほしいし、人に感謝できる人間になってほしいです。そして必ず態度で示すことです。人としてのマナーを守ること。加えて、今皆さんができていないのが挨拶です。大きな声で挨拶してください。ものすごく周りが気持ちよくなり皆がハッピーになれます。ぜひ皆の力に変えてください。

ようこそ、歴史が息づく奈良の地へ

奈良県教育委員会教育長

　この度、「建築学生ワークショップ東大寺 2020」が、全国各地より多くの方々をお迎えし、この古都奈良の地において盛大に開催されますことを心よりお祝い申し上げます。

　本県は、「法隆寺地域の仏教建造物」、「古都奈良の文化財」、「紀伊山地の霊場と参詣道」という三つの世界遺産を有しており、多くの文化財に恵まれた、まさに歴史の宝庫とも言える地です。中でも東大寺は、「古都奈良の文化財」を構成する重要な資産の一つとして、年間を通じて多くの観光客が訪れており、奈良市内観光の中心ともなっています。

　さて、今回のワークショップが開かれる東大寺の創建は、743（天平 15）年、聖武天皇が盧舎那大仏造立の詔を出したことに端を発するといわれます。子どもたちは日本史の学習で、仏教をあつく信仰した聖武天皇は、仏教のもつ鎮護国家の思想によって国家の安定を図ろうとし、東大寺をその中心である総国分寺としたことを学びます。また、大仏造立についても、745（天平 17）年、現在の場所で造立されることになり、巨大な大仏殿がほぼ完成した 752（天平勝宝４）年に大仏開眼供養が盛大に行われたことなどを学びます。

　当時の様子は、東大寺の正倉院に伝えられた、聖武天皇・光明皇后ゆかりの品々や、東大寺の儀式に用いられた品々から窺い知ることができます。私たちも、毎年秋に奈良国立博物館で開催されている正倉院展を通して、奈良の都、平城京を中心に国際色豊かな文化が花開いたことを実感することができます。

　さて、大伽藍が整備された東大寺ですが、自然災害や戦火による被害を受け、大仏殿をはじめ多くの建物が焼失してしまうことがたびたびありました。しかし、そのたびごとに、多くの人々の努力により再興されたことから、東大寺には、天平時代の建築、鎌倉時代の建築、江戸時代の建築が残されています。参加される建築を学ぶ学生の皆さんには、ぜひ、東大寺の境内をゆっくりと散策していただき、それぞれの建築物から、日本の建築の歴史や、それらを作った当時の人々の願いなどにも思いを馳せていただきたいと思います。皆さんが、そこから受けたインスピレーションを、どのような形で作品に昇華させていただけるのか、本当に楽しみです。

　今回、県立高校の建築工学科で学ぶ生徒を中心に、建築に興味のある生徒がワークショップに参加させていただくことになっております。文部科学省が示した新しい学習指導要領では、「主体的・対話的で深い学び」が求められており、県教育委員会においても、仲間と共に協働して課題を解決していくことや、体験的な学習、探究的な学習を重視しているところです。ワークショップでは、学生の皆さんがチームを組み、議論を交わしながら一つの作品を作り上げていくとお聞きしています。まさに、「主体的・対話的で深い学び」のモデルとなるような実践であり、参加させていただく生徒にとっては、探究的な学びや建築のプロセスを間近に体験することのできる貴重な機会になると思います。また、建築を学ぶ学生の皆さんと交流させていただくことで大いに刺激を受け、自らの夢へと邁進する力を得ることと思います。このような貴重な経験の場を与えていただくことに心から感謝申し上げます。

　最後になりましたが、本ワークショップの開催にあたり御尽力いただきました関係者の皆様に深く敬意と感謝を表しますとともに、全国の建築を学ぶ学生の皆様のさらなる発展と御参会の皆様のますますの御活躍を祈念して、御挨拶とさせていただきます。

吉田育弘

参加予定講評者

日本の文化を世界へ率いる方々や、建築・美術 両分野を代表する評論家をはじめ、第一線で活躍をされている建築家や都市計画家、アートディレクターやコミュニティデザイナー、構造研究を担い教鞭を執られているストラクチャー・エンジニアによる講評。また近畿二府四県の大学で教鞭を執られ、日本を代表されるプロフェッサー・アーキテクト、コミュニティデザイナー等にご講評をいただきます。

太田伸之（おおた のぶゆき）クールジャパン機構 前 CEO

1953 年三重県生まれ。77 年明治大学経営学部卒業後渡米、ファッション記者として活躍。85 年東京ファッションデザイナー協議会設立のために帰国。95 年（株）松屋のシンクタンク部門（株）東京生活研究所 専務取締役所長。2000 年から 10 年まで（株）イッセイミヤケ 代表取締役社長。11 年から 13 年まで（株）松屋 常務執行役員を経て、13 年から 18 年までクールジャパン機構 CEO。

小松浩（こまつ ひろし）毎日新聞社 主筆

1957 年岩手県生まれ。80 年毎日新聞入社。政治部記者になり首相官邸、自民党、外務省を担当。その後、ワシントン特派員、欧州総局長（ロンドン）として日米関係、米大統領選、欧州情勢などを取材する。政治部長、編集局次長を経て 11 年論説委員。外交や安全保障問題の社説を書く。論説副委員長、論説委員長を歴任し、16 年から主筆、国際新聞編集者協会（IPI）理事、日本記者クラブ総務委員長、北里大客員教授。

建畠晢（たてはた あきら）美術評論家／多摩美術大学 学長

1947 年京都生まれ。早稲田大学文学部フランス文学科卒。国立国際美術館長、京都市立芸術大学学長などを経て、現在、多摩美術大学学長。埼玉県立近代美術館長を兼任、全国美術館会議議長。ベネチア・ビエンナーレ日本コミッショナー、横浜トリエンナーレ、あいちトリエンナーレ、ヨコハマ文化都市一京都などの芸術監督を歴任。オーストラリア国家栄誉賞受賞。詩人としては歴程新鋭賞、高見順賞、萩原朔太郎賞を受賞。

南條史生（なんじょう ふみお）美術評論家／森美術館 前館長

1949 年東京生まれ。慶應義塾大学経済学部、文学部哲学科美学美術史学専攻卒業、国際交流基金を経て 02 年から森美術館副館長、06 年 11 月より現職。過去にヴェニスビエンナーレ日本館(1997)や台北ビエンナーレコミッショナー(1998)、ターナープライズ(英国)審査委員(1998)、横浜トリエンナーレ 2001 及びシンガポールビエンナーレアーティスティック・ディレクター(2006/2008)を歴任。16 年、総合ディレクターとしての茨城県北芸術祭を成功に導く。17 年は 3 月～5 月開催のホノルルビエンナーレキュラトリアル・ディレクターを務める。

養豊（みの ゆたか）美術評論家／兵庫県立美術館 館長

1941 年石川県金沢市生まれ。65 慶應義塾大学文学部卒業。76 年ハーバード大学大学院美術史学部博士課程修了、翌年同大学文学博士号取得。76 年～77 年カナダ・ロイヤル美術館東洋部長。77～84 年アメリカ・インディアナポリス美術館東洋部長。85 年～94 年シカゴ美術館東洋部長。86 年に東大寺秘宝展を企画し大反響。95 年帰国後は大阪市立美術館長、全国美術館会議会長などを歴任。2004 年 4 月金沢 21 世紀美術館長に就任。2010 年 4 月兵庫県立美術館長に就任。

五十嵐太郎（いがらし たろう）建築史家・建築評論家／東北大学 教授

1967 年生まれ。1992 年、東京大学工学部卒業。博士（工学）。現在、東北大学教授。あいちトリエンナーレ 2013 芸術監督、第 11 回ヴェネチア・ビエンナーレ建築展日本館コミッショナー、「戦後日本住宅伝説」展監修、「3.11 以後の建築展」ゲストキュレーター、「みんなの建築ミニチュア展」プロデューサーを歴任。第 64 回芸術選奨文部科学大臣新人賞を受賞。『日本建築入門 - 近代と伝統』（筑摩書房）ほか多数。

倉方俊輔（くらかた しゅんすけ）建築史家／大阪市立大学 准教授

1971 年東京都生まれ。早稲田大学理工学部建築学科卒業、同大学院博士課程修了。伊東忠太の研究で博士号を取得後、著書に『神戸・大阪・京都レトロ建築さんぽ』、『東京モダン建築さんぽ』、『吉阪隆正とル・コルビュジエ』、『伊東忠太建築資料集』など多数。日本最大級の建築公開イベント「イケフェス大阪」、品川区「オープンしなけん」、Sony Park Project に立ち上げから関わる。日本建築学会賞（業績）、日本建築学会教育賞ほか受賞。

柴田昌三（しばた しょうぞう）造園家／京都大学 教授

1959 年生まれ。京都大学地球環境学堂・農学研究科両任教授。専門は景観生態学、緑地環境デザイン学、里山再生学、竹類生態学、緑化工学等。日本国内各地の他、アジア、アフリカ等の数カ国で、森林資源とそれを用いた資源利用及びその伝統的手法の評価研究、都市域における緑地や都市の計画におけるグリーンインフラの導入に関する研究等に防災等の観点から従事。著書や論文は多数ある。関係した造園作品は 3 件。

腰原幹雄（こしはら みきお）構造家／東京大学 教授

1968 年千葉県生まれ。2001 年東京大学大学院博士課程修了。博士（工学）。構造設計集団＜SDG＞を経て、12 年より現職。構造の視点から自然素材の可能性を追求している。土木学会デザイン賞最優秀賞、日本建築学会賞（業績）、都市住宅学会業績賞など多数の賞を受賞している。主な著書に「日本木造遺産」（世界文化社）、「都市木造のヴィジョンと技術」（オーム社）、「感覚と電卓でつくる現代木造住宅ガイド」（彰国社）などがある。

櫻井正幸（さくらい まさゆき）旭ビルウォール 代表取締役社長

1960 年生まれ。1983 年千葉大学工学部卒業。1985 年千葉大学大学院工学研究科 建築学専攻修了。1985 年 旭硝子株式会社入社 中央研究所。1990 年 旭硝子ビルウォール株式会社の創立により出向。2007 年 旭ビルウォール株式会社（株式譲渡による社名変更）常務取締役。2014 年 旭ビルウォール株式会社代表取締役社長、現在に至る。

佐藤淳（さとう じゅん）構造家／東京大学 准教授

1970 年愛知県生まれ。00 年佐藤淳構造設計事務所設立。東京大学准教授（AGC 寄付講座）。作品に「共愛学園前橋国際大学 4 号館 KYOAI COMMONS」「プロソリッドセンター」「武蔵野美術大学美術館・図書館」「地域資源活用総合交流促進施設」「ヴェネチアビエンナーレ 2008」。著書に「佐藤淳構造設計事務所のアイテム」。建築家との協働で、数々の現代建築を新たな設計理念によって実現させてきた。

陶器浩一（とうき ひろかず）構造家／滋賀県立大学 教授

1962 年広島生まれ。86 年日建設計入社。03 年滋賀県立大学助教授。06 年教授。作品：キーエンス本社研究所、愛媛県歴史文化博物館、愛媛県美術館、兵庫県芸術文化センター、積層の家、清里アートギャラリー、澄心寺庫裏、海の家、輿月橋水郷防災ステーション、竹の会所、カミングハウス。受賞：JSCA 賞、Outstanding Structure Award (IABSE)、松井源吾賞、日本建築学会賞（技術）建築大賞、日本建築学会作品選奨など。

芦澤竜一（あしざわ りゅういち）建築家／滋賀県立大学 教授

1971 年神奈川県生まれ。94 年早稲田大学卒業。94～00 年安藤忠雄建築研究所勤務。01 年芦澤竜一建築設計事務所設立。2015 年より滋賀県立大学教授。主な受賞歴として、日本建築士会連合会賞、サステナブル住宅賞、JIA 環境建築賞、SD レビュー SD 賞、渡辺節賞、芦原義信賞、LEAF AWARD,ENERGY GLOBE AWARD、FuturArc Green Leadership Award など。

遠藤秀平（えんどう しゅうへい）建築家／神戸大学大学院 教授

1960 年滋賀県生まれ。1986 年京都市立芸術大学大学院了。1988 年遠藤秀平建築研究所設立。2004 年ザルツブルグサマーアカデミー教授。2007 年～神戸大学大学院教授。主な受賞歴：1993 年アンドレア・パラディオ国際建築賞、2000 年第 7 回ヴェネツィアビエンナーレサードミレニアムコンペ金獅子賞、2003 年芸術選奨文部科学大臣新人賞、2004 年第 9 回ヴェネツィアビエンナーレ金獅子特別賞、2012 年日本建築家協会賞、2015 年公共建築賞、2016 年日本建築学会教育賞。

竹原義二（たけはら よしじ）建築家／無有建築工房 主宰

1948 年徳島生まれ。建築家石井修氏に師事した後、1978 年無有建築工房設立。2000～13 年大阪市立大学大学院生活科学研究科教授。現在、摂南大学理工学部建築学科教授。日本建築学会賞教育賞・村野藤吾賞・都市住宅学会業績賞・こども環境学会賞など多数受賞。住まいの設計を原点に人が出会う空間づくりを追求している。著書に「無有」「竹原義二の住宅建築」「いきている長屋」（編著）「住宅建築 三人三様の流儀」（共著）。

長田直之（ながた なおゆき）建築家／奈良女子大学 准教授

1968 年名古屋生まれ。90 年福井大学工学部建築学科卒業。90-94 年安藤忠雄建築研究所。94 年 ICU 一級建築士事務所設立。2002 年文化庁新進芸術家海外留学制度研修によりフィレンツェ大学留学。2007 年より東京理科大学非常勤講師、2008 年より奈良女子大学住環境科学講座に着任、現在に至る。2016 年、横浜国立大学 Y-GSA 先端科学研究院特任准教授。主な受賞歴として 2014 年 "Yo" にて JIA 新人賞。他、JIA 関西建築家新人賞、95, 96, 99 SD レビュー入選など。

平田晃久（ひらた あきひさ）建築家／京都大学 教授

1971 年大阪府生まれ。1994 年京都大学工学部建築学科卒業。1997 年京都大学工学研究科修了。伊東豊雄建築設計事務所勤務を経、2005 年平田晃久建築設計事務所を設立。2015 年より京都大学准教授就任。主な作品に「桝屋本店」(2006)、「Bloomberg Pavilion」(2011) 等。第 19 回 JIA 新人賞(2008)、Elita Design Award (2012)、第 13 回ベネチアビエンナーレ国際建築展金獅子賞(2012、日本館)、等受賞多数。2016 年にはニューヨーク近代美術館(MoMA)にて"Japanese Constellation"展(2016)参加。

平沼孝啓（ひらぬま こうき）建築家／平沼孝啓建築研究所 主宰

1971 年大阪生まれ。ロンドンの AA スクールで建築を学び、99 年平沼孝啓建築研究所設立。主な作品に、「東京大学くうかん実験棟」や「D&DEPARTMET PROJECT」などの建築がある。主な受賞に、日本建築士会連合会賞や日本建築学会作品選奨、イノベイティブ・アーキテクチュア国際賞（伊）やインターナショナル・アーキテクチャー・アワード（米）、日本建築学会教育賞など国内外でも多数の賞を受賞している。

藤本壮介（ふじもと そうすけ）建築家／藤本壮介建築設計事務所 主宰

1971 年北海道生まれ。東京大学工学部建築学科卒業。2000 年藤本壮介建築設計事務所を設立。2014 年フランス・モンペリエ国際設計競技最優秀賞（ラ・ブラン）に続き、2015, 2017, 2018 年にもヨーロッパ各国の国際設計競技にて最優秀賞を受賞。2019 年には津田塾大学小平キャンパスマスタープラン策定業務のマスターアーキテクトに選定される。主な作品に、ロンドンのサーペンタイン・ギャラリー・パビリオン 2013 (2013 年)、House NA (2011 年)、武蔵野美術大学 美術館・図書館 (2010 年)、House N (2008 年) 等がある。

安井昇（やすい のぼる）建築家／桜設計集団一級建築士事務所 代表

1968 年京都生まれ。1993 年東京理科大学大学院（修士）修了。積水ハウスを経て、1999 年桜設計集団一級建築士事務所設立。2004 年早稲田大学大学院（博士）了。博士（工学）。木造建築の設計、木造防耐火に関する研究・技術開発・コンサルティングを行う。2007 年日本ウッドデザイン賞林野庁長官賞受賞。2016 年ウッドデザイン賞林野庁長官賞受賞。主な著書に「世界で一番やさしい木造 3 階建て（共著）」（エクスナレッジ、2010 年）。

安原幹（やすはら もとき）建築家／東京大学大学院 准教授

1972 年大阪府生まれ。東京大学大学院修士課程修了。山本理顕設計工場勤務を経て 2008 年 SALHAUS を共同設立、設計活動を行う。主な作品に群馬農業技術センター、陸前高田市立高田東中学校、大船渡消防署住田分署などがある。東京理科大学准教授を経て現在、東京大学大学院准教授。BCS 賞 (2014)、日本建築学会作品選奨 (2015, 2019)、グッドデザイン金賞 (2017) 等を受賞。

山崎亮（やまざき りょう）コミュニティデザイナー／東北芸術工科大学 教授

1973 年愛知県生まれ。大阪府立大学大学院および東京大学大学院修了。博士（工学）。建築・ランドスケープ設計事務所を経て、2005 年に studio-L を設立。地域の課題を地域に住む人たちが解決するためのコミュニティデザインに携わる。まちづくりのワークショップ、住民参加型の総合計画づくり、市民参加型のパークマネジメントなどに関するプロジェクトが多い。著書に「ふるさとを元気にする仕事」（ちくまプリマー新書）、「コミュニティデザインの源流（太田出版）」「縮充する日本（PHP 新書）」「地域ごはん日記（パイインターナショナル）」などがある。

横山俊祐（よこやま しゅんすけ）建築家／大阪市立大学 客員教授

1954 年生まれ。1985 年 東京大学大学院工学系研究科 建築学専攻博士課程修了。同年 熊本大学工学部建築学科勤務。1991 年大阪市立大学大学院助教授。2005 年より同現職。主な著書：「住まい論（放送大学教育振興会）」「これからの集合住宅づくり（晶文社）」等。主な作品：「大阪市立大学高原記念館」「水上村立湯山小学校」「八代市営西片町団地」等。

吉村靖孝（よしむら やすたか）建築家／早稲田大学 教授

1972 年愛知県生まれ。97 年早稲田大学大学院理工学研究科修士課程修了。99 年～01 年 MVRDV 在籍。05 年吉村靖孝建築設計事務所設立。18 年～早稲田大学教授。主な作品に、窓の家 (2013)、中川政七商店旧社屋増築 (2012)、鋼南の合宿所 (2012)、中川政七商店新社屋 (2010)、Nowhere but Sajima (2009)、ベイサイドマリーナホテル横浜 (2009) など。主な受賞に JCD デザインアワード大賞、日本建築学会作品選奨、吉岡賞ほか多数。主な著書「ビヘイヴィアとプロトコル」、「EX-CONTAINER」、「超合法建築図鑑」等。

2020年4月14日　新型コロナウィルスによる
　　　　　　　　開催検討会議

2020年7月4日　現地説明会開催（本坊）

2020年8月22日　提案作品講評会での計画地視察

何度も危ぶまれていた参加募集の時期に、快く参加説明会でのレクチュアを引き受けてくださり、この情勢で開催が叶わなかったものの、前週まで応じようとしてくださった、建築史家の倉方さんや五十嵐さんには、本当に勇気づけられ支えられた。公開プレゼンテーションには、安井建築設計事務所の佐野社長や日本設計の千鳥社長をはじめ大阪や東京から日本を代表する組織設計事務所の代表の皆さまがお越しくださった。開催当時から継続的な応援をくださる村本建設の北常務や奥村組の前支店長の山口さんが見守る中、熊谷組や大林組、梓設計をはじめとする、日本を代表するゼネコンや、KMEW の木村社長や三和タジマの丸市社長をはじめとする建設関係者の方々。一昨年の三重県建築士会会長の森本会長より継いでくださった、奈良県建築士会の米村会長、稲原副会長をはじめとする奈良県の建築士会の皆さま、日本建築家協会奈良支部の山下支部長をはじめ、多くの皆さんに実行前から多くのご助言をいただき、大変多くの建築関係者にこの現場を共有していただくことが叶った。

　そして今回の活動の実現に向けて、私的なお時間まで与えてくださり、いつもご自身のことのように親身になって計り知れないご支援をくださった、東大寺の橋村執事長、森本庶務執事には、感謝の念に堪えない。「建築学生ワークショップ」の活動に、「がんばっている若い人たちに応援をしたい」とご支援を続けてくださる、旭ビルウォールの櫻井社長には、継続した感謝の意を表したい。参加した学生には、これから提案を具現化していく際、今までに経験したことがないような数々の困難に直面する中で、最後まで諦めずにやりぬくこの信念を将来に活かし貫いてほしいと、関わった皆が期待していることを記憶に留めてほしい。多くの制限のある中、この境内をリサーチし歴史に連なるような提案を実現化するため苦心したであろう。本当によく実現化したものだと感心している。また実施する運営を主導し、バックアップし続けた統括の宮本や山本、総合長の原之園、そして加古をはじめとする AAF の運営スタッフたちには、自主的に最後までやり抜く信念を貫いたことに敬意を表したい。そして久保の進行ではじまった大仏殿の公開プレゼンテーションは、素晴らしい機会を共有することとなった。この情勢のなか、この年、あの場所で、彼女の声と、日本を代表する世界的な建築・大仏殿を見て知る知見は、あの空間を共有した者たちにちって、生涯忘れられない記憶になった。労いの言葉と合わせ、焼けた空が暗闇に変わる中動じることもなく、最後のフレーズまでしっかり情熱を込めて話し切った勇気に敬意を表する。このワークショップへの参加を通じて、小さくても空間体験ができる建築の提案を実現化していく体験をしたことで、これからも地域の自然環境と場所がもつ建築の性質を発見し、自らが発想する空間への提案に位置づけてもらいたい。そして僕は、自然と歴史環境が相互に関連し合う建築と環境の存在を再認識するとともに、その場所を永続的に残していくための保存方法や、継続を担う修復のようでありながら発展的な建築のつくり方を深く追及し続けたい。

　「感慨無量」結びの言葉はこれしか想いあたらない。この情勢の中でも建築の原初の現場からめざし、次の輝く時代に重ねて社会に出て活躍しようとする後進を応援する、素晴らしい大人の方たちの姿勢、この場を共有した貴重で大切な想いを、全ての方たちに深く、深く感謝をしています。僕は人生かけて建築をめざしてきて本当によかった。このような貴重な機会を、建築を目指す全ての者たちに与えてくださった皆様に、謹んで御礼申し上げます。

これこそが実学！建築学生ワークショップ東大寺 2020

令和 2 年 9 月 20 日　東大寺・大仏殿にて

平沼孝啓

主　催	©AAF
特　別	東大寺
共　催	奈良県　奈良市
特別協賛	AGB 旭ビルウォール株式会社
後　援	観光庁　毎日新聞社　奈良県教育委員会　奈良市教育委員会　AIJ 一般社団法人 日本建築学会　公益社団法人 日本建築士会連合会　一般社団法人 日本建築士事務所協会連合会 Japan Association of Architectural Firms　The Japan Institute of Architects 公益社団法人 日本建築家協会 一般社団法人 日本建築協会　一般社団法人 日本建築材料協会 JAPAN BUILDING MATERIALS ASSOCIATION　近建青　一般社団法人 近畿ブロック協議会 Japan Association of Architectural Firms　奈良県建築士事務所協会　一般社団法人 奈良建築士会　The Japan Institute of Architects 公益社団法人 日本建築家協会 近畿支部
特別連携協賛	大林組　清水建設　戸田建設
連携協賛	株式会社 梓設計　ria　KUMAGAI GUMI Building the future　KMEW　AXS 株式会社 佐藤総合計画　三和建設株式会社　株式会社 大建設計　Tajima ARCHITECTURAL METALS 東畑建築事務所　NIHON SEKKEI　株式会社 乃村工藝社　FUKUMOTO　不二建設株式会社　安井建築設計事務所　株式会社 山下設計 YAMASHITA SEKKEI INC.　大成建設株式会社 For a Lively World
地域協力	近畿日本鉄道　南都銀行
地域連携協賛	株式会社 淺沼組　奥村組 OKUMURA CORPORATION　鴻池組 KONOIKE CONSTRUCTION CO.,LTD.　株式会社 藤木工務店　村本建設株式会社